Texte:
Allan Schultz,
Søren Thyboe,
Niels Meldgaard,
Kasper Jørgensen,
Per Thøstesen
og Martin Kongstad

Design: Shark
Übersetzung: Stine Hansen
Redaktion: Norbert Müller

Augustus Verlag München 2000

ISBN 3-8043-6023-8

Von Per Thøstesen ist im Augustus Verlag bereits »Eine kulinarische Reise nach Bali« erschienen.

Wilde Jungs Feine Küche

AUGUSTUS

Inhalt

Allan Schultz

Søren Thyboe

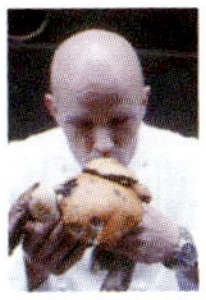

Niels Meldgaard

Kasper Jørgensen

Per Thøstesen

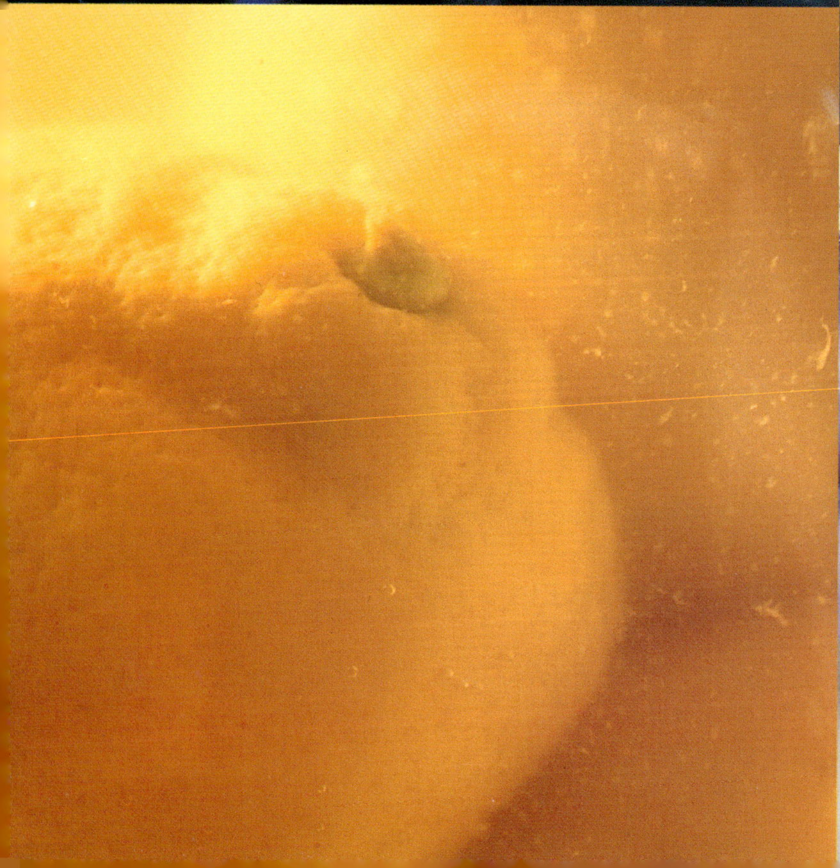
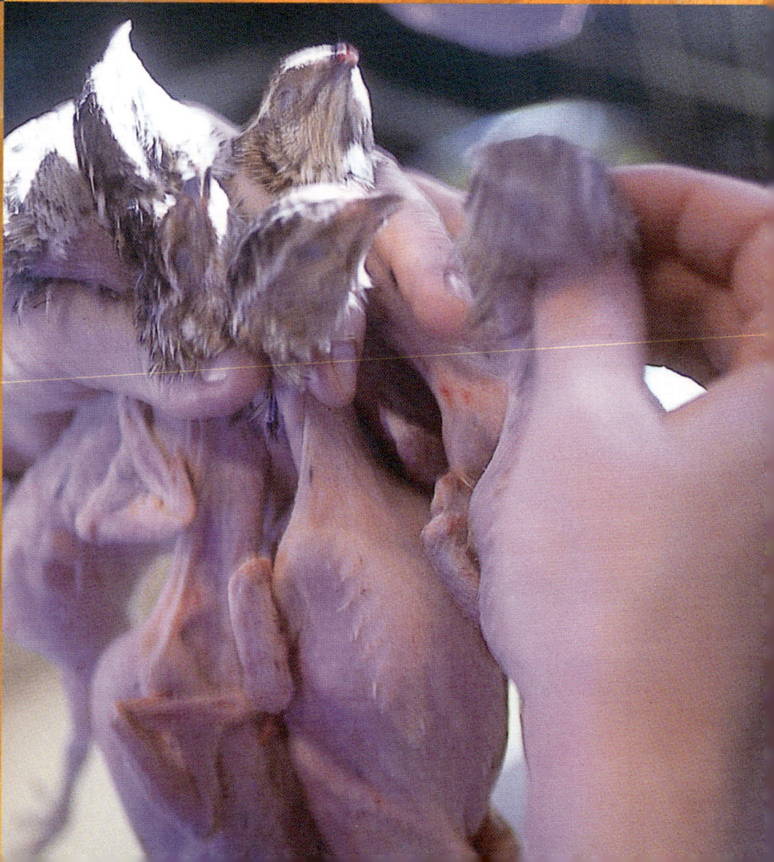

Die Idee zu diesem Kochbuch stammt von Per Thøstesen. Als er nach mehreren Jahren im Ausland wieder nach Kopenhagen kam, war er über die hiesige Entwicklung verblüfft. In wenigen Jahren war die Stadt zu einem gastronomischen Schwergewicht geworden. Plötzlich konnte man in Kopenhagen Gerichte bekommen, die das Beste aus London, den USA und Frankreich in sich vereinigten. Eine neue Generation Köche hatte den Durchbruch geschafft. Für sie ging es nicht mehr um schweren Bordeaux und Seidenservietten. Es ist eine Generation von Köchen, die Motorrad fährt, Bier trinkt und auch mal auf dem Tisch tanzte, zugleich aber das Handwerkliche perfekt beherrscht. Ihre Intention ist es, die Küchen der Welt miteinander zu kombinieren und in zahllosen Experimenten mit neuen und bewährten Zutaten ungeahnte kulinarischen Erlebnissen zu gestalten.

Es waren seine Freunde, die es zu etwas gebracht hatten. Und das wollte er gerne in einem Buch präsentieren. Es sollte das Beste aber auch das Vielfältigste, Kreativste und Originellste aufgezeigt werden – also nur Superlative. Nach diesen Kriterien wurden die fünf Köche ausgewählt. So kommt es zu der Ansammlung von Gerichten, von einfachen und leichten bis zu komplizierten und aufwändig komponierten.

Aber selbstverständlich ist ein Kochbuch zu machen auch ein Ausdruck von Eitelkeit, der Wunsch sich zu verewigen. Und um einfach Spaß zu haben. Oder wie Per Thøstesen es selbst sagt: »Ich wusste, dass die Produktion selbst verdammt lustig würde, und so war es auch, weil wir uns gerne auf Bildern in diesem Buch sehen wollten.

Weshalb?

Weil wir ein Buch haben wollten mit unseren Namen drauf und unseren Gerichten darin. Aber unter dem Strich ist es das Essen, um das es geht. Es ist für uns aufregend, wenn wir gemeinsam am Herd stehen. Man sagt über uns, dass wir gerne einen Trinken gehen und Motorrad fahren und das stimmt auch, aber das Wichtigste für uns ist das Kochen. Für das Erlebnis des Kochens haben wir sogar Freunde, Kinder und Geliebte oft vernachlässigt.«

Allan Schultz

Gelernt in Det Kongelige Haveselskab und Hotel Østerport, Kopenhagen

Chef de parti: Belle Terasse, Tivoli, Kopenhagen

Chef: Königliche Dänische Botschaft, Chicago, USA

Chef de cuisine: Victor, Kopenhagen

Chef de cuisine: Boserups Kærlighed, Kopenhagen

Chef de cuisine: Tegnes, Malmö, Schweden

Chef de cuisine: 02, Kopenhagen

Chef de parti: Patina/ Pinot, Hollywood, USA

Chef de cuisine: Konrad, Kopenhagen

Chef de cuisine: Kirk, Kopenhagen

Chef de cuisine und Inhaber: Schultz, Kopenhagen

Curriculum Vitae

Er hat sicherlich den festesten Handschlag der Branche; deswegen werden die meisten auch etwas nervös, wenn sie ihm das erste Mal die Hand zum Gruß geben. Kahlgeschoren und gebaut wie ein Schrank wirkt er eher furchteinflößend, denn wie ein kreativer Kochkünstler. Doch jeder der sein Essen probiert hat, die Arrangements seiner Gerichte gesehen hat oder ihn gar mit seinem Kind erlebt hat, weiß, dass hier kein ungehobelter Holzklotz vor einem steht. Als früherer Wettkampfsportler besitzt er eine absolute Selbstdisziplin, was sich in seiner Arbeit niederschlägt. Zugleich liebt er das Minutiöse, Zierliche und Filigrane. Er kann beim Anblick eines schönes Tellers schon regelrecht in Trance verfallen und sich dazu schöne und köstliche Rezepte ausdenken. Sein Stichwörter sind Konzentration und dann Aktion. Er sucht permanent neue Herausforderungen und wird im höchsten Maße unruhig, wenn er um sich Passivität und Stillstand bemerkt. Aber sein Aktionismus ist immer zielgerichtet: Egal was er tut, es muss ihn weiterbringen.

Allan ist außerdem ein wirklich guter Freund, der immer hinter einem steht – egal bei welcher Gelegenheit. Ein super Kumpel, der durch seine Herzlichkeit besticht. Gelegentlich hat er Anwandlungen einer mimosenhaften Primadonna – dann holen wir ihn schnell wieder auf den Boden der Tatsachen zurück, trinken ein Bier und lachen darüber. Als seriöser Koch ist er nie den einfachsten Weg gegangen: Seine Küche basiert auf der klassischen französischen Kochkunst. Darauf aufbauend hat er speziell seine Saucenrezepte verfeinert und mit einfachen aber kräftigen Zutaten zu einem gepflegten Gaumenerlebnis werden lassen. Sein Pflichtbewusstsein setzt sich auch in seiner Küche um: hier herrscht eiserne Disziplin. Wenn seine Köche einen Moment nichts zu tun haben, stehen sie mit den Händen auf dem Rücken und warten auf die nächste Order ihres Chefs. Er verlangt jedoch nichts von anderen, was er nicht auch selbst gibt. Als absolutes Arbeitstier ist es immer er, der als letzter die Küche verlässt.

Für 4 Personen

Terrine von pochierten Seeteufelschwänzen in Spitzkohl gewickelt

20 Tomaten

Olivenöl

1 kg Seeteufelschwänze

1 l Fischfond

1 TL Safran

1 Spitzkohl

Salz

10 Blatt Gelatine

Außerdem:

1 Terrinenform für ca. 1 l Inhalt

1. Die Tomaten halbieren, mit Olivenöl bestreichen und 48 Stunden bei 50 °C im Backofen trocknen (geht natürlich auch kürzer).

2. Die Seeteufelschwänze filetieren und von sämtlichen Häutchen befreien, so dass nur noch das feine weiße Fleisch übrig bleibt. In einem Topf den Fischfond mit Safran 10 Minuten zugedeckt bei schwacher Hitze kochen. Die Seeteufelschwänze in den Fond geben, den Topf sofort vom Herd nehmen und den Seeteufel ungefähr 15 Minuten ziehen lassen. Die Schwänze herausheben und ruhen lassen.

3. Den Spitzkohl in ganze Blätter zerteilen und in gesalzenem Wasser ca. 2 Minuten blanchieren. Kalt abschrecken und auf einem Küchentuch abtropfen lassen.

4. Die Gelatine in kaltem Wasser einweichen, ausdrücken und im verbliebenem Fischfond auflösen.

5. Die Terrinenform mit Folie auskleiden und mit den Kohlblättern auslegen. Die Seeteufelschwänze jeweils in 1 Kohlblatt wickeln. Im Wechsel Tomaten und Fisch schichtweise in die Terrinenform legen. Jede Schicht mit dem Safran-Fisch-Sud bestreichen, damit die Terrine gelieren kann und zusammenhält.

6. Die gefüllte Form mit einer letzten Schicht Kohlblätter belegen und die Folie fest um die Terrine ziehen. Mit einer Milchpackung oder Ähnlichem beschwert mindestens 24 Stunden im Kühlschrank fest werden lassen.

Anrichten:

Schneiden Sie die Terrine mit einem sehr scharfen Messer in Scheiben, damit sie nicht auseinander fällt.

Zutaten

Zubereitung

Für 4 Personen

Krustaden von Hummer und Kammmuscheln mit Gurkenvinaigrette

Zutaten

Gurkenvinaigrette:

1/2 Gurke
1 EL Dijonsenf
3 EL Chardonnay-Weinessig
100 ml Traubenkernöl
Salz, Pfeffer

Kammmuschelfarce:

150 g Kammmuscheln
50 g weißes Fischfilet
1 TL Salz
1 Ei
5 Tropfen Limettensaft
50 g Sahne
Salz, Pfeffer

Hummerkrustaden:

1 Hummer (400 g)
150 g Kammmuschelfarce
1 Kopf Romanasalat
Salz
4 Frühlingsrollenblätter
1 Eigelb
100 ml Traubenkernöl
zum Braten

Zubereitung

Gurkenvinaigrette:

Für die Gurkenvinaigrette die Gurke schälen, die Kerne herauskratzen, das Fruchtfleisch reiben und mit Senf und Essig vermischen. Das Öl in dünnem Strahl einrühren, so dass ein sämiges Dressing entsteht. Die Zutaten sollten alle Zimmertemperatur haben, damit sie sich gut verbinden können. Mit Salz und Pfeffer würzen.

Kammmuschelfarce:

Die Kammmuscheln und das Fischfilet zusammen mit 1 Teelöffel Salz pürieren. Das Ei hinzufügen und mitpürieren. Den Limettensaft und nach und nach die Sahne zugeben, so dass eine Farce von fester Konsistenz entsteht. Mit Salz und Pfeffer würzen.

Hummerkrustaden:

1. Den Hummer 8 Minuten in ausreichend Wasser kochen. Herausnehmen, das Fleisch auslösen, grob hacken und unter die Kammmuschelfarce heben.

2. Reichlich Wasser aufkochen, den Salatkopf am Stiel halten und im Ganzen ca. 5 Sekunden in das Wasser tauchen. In einzelne Blätter zerteilen und diese auf einem Küchentuch abtropfen lassen.

3. Die Frühlingsrollenblätter mit dem Salat belegen, mit der Kammmuschelfarce bestreichen und wie eine klassische Frühlingsrolle zusammenrollen. Die Ecken mit Eigelb einpinseln, so dass sie zusammenhalten.

4. Das Traubenkernöl in einer Pfanne erhitzen und die Rollen darin ca. 3 Minuten unter einmaligem Wenden braten, bis sie goldbraun sind. Auf Küchenpapier abtropfen lassen und noch heiß mit der Gurkenvinaigrette servieren.

Für 4 Personen

Krabbenturm mit geräuchertem Lachs und Rieslinggelee

13 Blatt Gelatine
700 ml Weißwein, vorzugsweise Riesling
1 Knollensellerie
500 g echtes Krabbenfleisch (eventuell tiefgekühlt)
200 g Crème fraîche, 38 %
100 g Mayonnaise
Saft von 1 Limette
Salz, Pfeffer
4 Tomaten
8 Scheiben geräucherter Lachs
30 g Kaviar

1. Für das Weingelee 10 Blatt Gelatine in kaltem Wasser einweichen und ausdrücken. Den Wein etwas erwärmen, nicht kochen, und die Gelatine darin auflösen. In eine Form füllen und im Kühlschrank fest werden lassen.

2. Den Knollensellerie putzen, in kleine Stücke schneiden und in kochendem Wasser ca. 3 Minuten blanchieren.

3. Das Krabbenfleisch in ein Sieb legen, ausdrücken, die austretende Flüssigkeit dabei auffangen. Die restlichen 3 Gelatineblätter in kaltem Wasser einweichen, ausdrücken und im erwärmtem Krabbenwasser auflösen.

4. Die Crème fraîche steif schlagen und Mayonnaise, Limettensaft und Selleriestücke unterrühren. Das Krabbenwasser samt Gelatine mit einer Temperatur von 18 bis 20 °C einrühren, damit die Mischung nicht zu flüssig wird. Das Krabbenfleisch hinzufügen und die Masse mit Salz und Pfeffer würzen.

5. Die Krabbencreme in kleine Portionsschalen füllen und im Kühlschrank fest werden lassen.

6. Die Tomaten an der Unterseite kreuzweise einschneiden, in kochendem Wasser kurz überbrühen, abschrecken, häuten, halbieren und entkernen. Die Tomatenhälften auf die Größe der Krabbencreme zurechtschneiden, darauf legen und mit etwas Weingelee überziehen. Zurück in den Kühlschrank stellen.

Anrichten:

Jeweils 2 Scheiben Lachs auf den Teller legen und einen Krabbenturm in die Mitte stürzen. Die Form vorsichtig entfernen und den Teller mit Weingelee und Kaviar garnieren.

Tipp:

Sie können den Turm bunter gestalten, indem Sie Schichten von in feine Scheiben geschnitten Tomaten, Avocado und Mango einfügen.

Zutaten Zubereitung

Für 4 Personen

Gebratene Gänseleber und gegrillte Kammmuscheln
mit Apfel-Sellerie-Kompott und Rucolagemüse

Saft von 2 Limetten
1 TL Reisweinessig
4 EL Akazienhonig
500 ml Traubenkernöl
300 g Rucola
Salz
1 Schalotte
3 EL Butter
1 TL Zitronensaft
Pfeffer
1 Knollensellerie
1 großer Apfel
1 EL Trüffelöl
etwas Schnittlauch
4 große Kammmuscheln
4 Scheiben Gänseleber

1. Den Limettensaft mit Essig und Honig vermischen. Das Öl in dünnem Strahl einrühren, so dass ein sämiges Dressing entsteht.

2. Die Rucola ca. 20 Sekunden in reichlich kochendem Salzwasser blanchieren und sofort abschrecken. Die Blätter ausdrücken und grob hacken. Die Schalotte abziehen, würfeln und in 1 Esslöffel Butter anbraten. Die gehackte Rucola zugeben und mit Zitronensaft, Salz und Pfeffer würzen.

3. Sellerie und Apfel schälen und würfeln. Die restliche Butter erhitzen und die Selleriewürfel darin 4 Minuten andünsten, ohne dass sie Farbe annehmen. Die Apfelstücke zugeben und mitdünsten, bis der Sellerie gar ist. Mit Trüffelöl, klein geschnittenem Schnittlauch, Salz und Pfeffer würzen.

4. Eine Grillpfanne und eine weitere Pfanne stark erhitzen. Die Kammmuscheln in der Grillpfanne auf jeder Seite 1 Minute braten und auf den Rucolatürmchen anrichten. Die Gänseleberscheiben gut gekühlt, sonst schmelzen sie, in die andere Pfanne geben, wenden und sofort wieder herausnehmen.

Anrichten:

Rucola und Apfel-Sellerie-Würfel getrennt auf vier Teller verteilen, eventuell in Formen zu kleinen Türmchen gepresst. Kammmuscheln und Gänseleber auf dem Apfel-Sellerie Kompott anrichten, mit dem Limettenöl würzen und sofort servieren.

Zutaten
Zubereitung

Für 4 Personen

Trüffelgnocchi

mit Tomaten, Steinpilzen und Parmaschinken

Gnocchi:

(Für das Rezept wird die halbe Menge benötigt)

1 kg Kartoffeln

1 TL Salz

1 Ei

2 EL Trüffelöl

300 g Mehl

Sauce:

2 EL Olivenöl

1 TL Zitronensaft

12 getrocknete Tomaten

200 g Steinpilze

2 TL Trüffelöl

Salz, Pfeffer

8 Scheiben Parmaschinken

2 TL Trüffelkrümel oder Trüffel in Scheiben

Gnocchi:

1. Die Kartoffeln in Wasser ohne Salz kochen, abgießen, pellen und durchpressen. Mit Salz, Ei und Trüffelöl vermischen. Das Mehl in den Kartoffelbrei einarbeiten, so dass ein formbarer Teig entsteht.

2. Den Teig auf einer gut bemehlten Arbeitsfläche zu dünnen Rollen formen und diese in ca. 1,5 cm lange Stücke schneiden. Die Gnocchi in kochendem Salzwasser garen. Wenn sie an der Wasseroberfläche auftauchen, mit einem Schaumlöffel herausheben und kurz in kaltem Wasser abschrecken. Dann herausheben und auf Küchenpapier abtropfen lassen.

Sauce:

Das Olivenöl in einer beschichteten Pfanne erhitzen und die Gnocchi darin hellbraun braten. Den Zitronensaft, die getrockneten Tomaten und die Steinpilze in dazugeben und vorsichtig wenden, damit die Pilzköpfe nicht verletzt werden. Mit Trüffelöl, Salz und Pfeffer würzen. Eventuell mit einigen Tropfen Zitronensaft abschmecken.

Anrichten:

Den Pfanneninhalt auf Tellern verteilen und mit Parmaschinken und Trüffeln garniert servieren.

Tipp:

Dieses Gericht kann man natürlich auch mit einer anderen Pilzsorte und anderem Fleisch zubereiten.

Zutaten

Zubereitung

Für 4 Personen

Zander mit Auberginenkaviar, gebratenen Pfifferlingen und Pestosauce

Pestosauce:

20 Blätter Basilikum
1 Knoblauchzehe
100 ml Fischfond
2 EL Olivenöl
4 EL geriebener Parmesan
200 g kalte Butter

Auberginenkaviar:

2 Auberginen
100 g Crème fraîche, 38 %
1 TL Zitronensaft
Salz, Pfeffer

Zander:

4 Zanderfilets mit Haut à 200 g
etwas Mehl
Butter
200 g Pfifferlinge

30 g Kaviar
etwas Schnittlauch

Pestosauce:

Für die Pestosauce die Basilikumblätter hacken, die Knoblauchzehe abziehen und durchpressen. Beide Zutaten mit Fischfond, Olivenöl und Parmesan verrühren und erwärmen. Die kalte Butter nach und nach einrühren. Die Sauce nicht kochen lassen, während die Butter zugegeben wird, da sie sonst ausflockt.

Auberginenkaviar:

Die Auberginen mit Öl einpinseln, mit Alufolie abdecken und im heißen Ofen bei 150 °C (Gas Stufe 1, Umluft 140 °C) 2 Stunden backen. Die Auberginen halbieren und das Fruchtfleisch herausschaben. Grob hacken und mit Crème fraîche und Zitronensaft vermischen. Mit Salz und Pfeffer würzen und erwärmen.

Zander:

1. Den Fisch auf der Hautseite mit Mehl panieren, salzen, pfeffern und in etwas Butter anbraten. Die Filets mit einem Teller beschweren, damit die Haut während der gesamten Bratzeit komplett auf dem Pfannenboden aufliegt. Den Fisch bei mittlerer Hitze ca. 5 Minuten braten.

2. Die Pfifferlinge putzen und in etwas Butter andünsten.

Anrichten:

Die warme Pestosauce auf vier Teller verteilt als Saucenspiegel gießen. Die Hälfte des Kaviars mit dem gehackten Schnittlauch unter die Auberginencreme heben und in der Tellermitte anrichten. Die Zanderfilets darauf legen, mit dem restlichen Kaviar garnieren und mit den Pfifferlingen servieren.

Zutaten
Zubereitung

Für 4 Personen

Pochierte Kalbslende mit paniertem Kalbsbries und Portweinsauce

Zutaten

Paniertes Kalbsbries:
500 ml Essig
1 Zwiebel, klein geschnitten
1 Möhre
1 Lorbeerblatt
Salz, Pfeffer
500 g Kalbsbries im Ganzen
1 l Kalbsfond
Mehl
1 Ei
Semmelbrösel

Portweinsauce:
1 Möhre
1/2 Stange Staudensellerie
2 Zwiebeln
1/2 Knoblauchzehe
2 EL Pflanzenöl
2 Zweige Thymian
700 ml Portwein
200 ml Balsamico
3 l Kalbsfond

Rösti:
4 große Kartoffeln
1 Knoblauchzehe
2 Zweige Thymian
Salz, Pfeffer
Butter zum Braten

Kalbslende:
1 kg Schwarzwurzeln
abgeriebene Schale und Saft von 1 unbehandelten Zitrone
1 l Milch
800 g Kalbslende
Butter
Salz, Pfeffer
1 l Kalbsfond
1 EL gehackte Petersilie

Zubereitung

Paniertes Kalbsbries:

1. Das Kalbsbries rechtzeitig vorbereiten, am besten am Vortag. 1,5 Liter Wasser mit Essig, Zwiebel, Möhre, Lorbeerblatt, Salz und Pfeffer aufkochen und das Bries ca. 5 Minuten darin blanchieren. Herausnehmen, abkühlen lassen und von den zähen, gummiartigen Häuten befreien.

2. Das Bries in 4 Teile teilen und in den Kalbsfond legen. Bei schwacher Hitze unter dem Siedepunkt ca. 1 Stunde ziehen lassen. Herausnehmen, auf Küchenpapier abtropfen und abkühlen lassen. Die Briesstücke erst in Mehl, dann in Ei und schließlich in Semmelbrösel wenden. Kalt stellen.

Portweinsauce:

1. Das Gemüse putzen, in kleine Stücke schneiden und im heißen Öl bräunen. Den Thymian zugeben.

2. Portwein und Balsamico zugießen und auf ein Fünftel reduzieren. Den Fond zugeben und auf 500 Milliliter einkochen. Durch ein Sieb gießen, aufkochen lassen und mit 1 Esslöffel Butter montieren.

Rösti:

1. Die Kartoffeln schälen und reiben. Die überflüssige Feuchtigkeit ausdrücken und fein gehackten Knoblauch, Thymianblätter, Salz und Pfeffer zugeben.

2. Die Butter erhitzen, 4 Rösti aus den Kartoffeln formen und diese auf beiden Seiten goldbraun braten.

Kalbslende:

1. Die Schwarzwurzeln mit einem Sparschäler schälen und sofort mit Zitronenschale und -saft in Milch einlegen.

2. In der Milch aufkochen und 4 bis 5 Minuten garen. Herausnehmen, unter kaltem Wasser abspülen und in mundgerechte Stücke schneiden. Beiseite stellen.

3. Die Kalbslende in der Butter anbraten und mit Salz und Pfeffer würzen. Den Kalbsfond bis knapp unter den Siedepunkt erhitzen, die Kalbslende hineinlegen und 10 bis 14 Minuten pochieren, je nach Dicke. Herausnehmen, in Alufolie wickeln und ruhen lassen.

4. Die Rösti im Backofen erwärmen und die geschnittenen Schwarzwurzeln in Butter erhitzen. Mit Salz und Pfeffer würzen und mit Petersilie bestreuen.

5. Gleichzeitig das Kalbsbries in Butter von allen Seiten goldbraun braten und die Sauce erhitzen. Anrichten und sofort servieren.

Für 4 Personen

Rehrücken mit gebratener Tomatenpolenta, Spinat und Wildschaumsauce

Rehrücken:

1/2 Rehrücken
2 EL Pflanzenöl
4 Scheiben Bresaola (luftgetrockneter Rinderschinken)
1 kg frischer Spinat
1 Schalotte
4 EL Butter
Zitronensaft
Salz, Pfeffer
125 g frische Johannisbeeren

Wildschaumsauce:

Knochen vom Wild
4 EL Pflanzenöl
1 Knollensellerie
2 Möhren
2 Zwiebeln
1 Stange Porree
1/2 Knoblauchzehe
3 l brauner Kalbsfond
500 ml Balsamico
3 Lorbeerblätter
5 Zweige Thymian
Salz, Pfeffer

Polenta mit getrockneten Tomaten:

250 g Sahne
250 g Polentamehl
geriebene Muskatnuss
50 g geriebener Parmesan
50 g gehackte getrocknete Tomaten
Salz, Pfeffer
Mehl
2 EL Butter

Zutaten

Wildschaumsauce:

1. Das Rehrückenfleisch (Filet) von den Knochen auslösen (vom Metzger machen lassen) und beiseite stellen. Die Knochen und die Wildknochen hacken und in 2 Esslöffeln Öl scharf anbraten.

2. Das Gemüse putzen und in Stücke schneiden. Das restliche Öl in einem großen Topf erhitzen und das Gemüse darin anbraten. Die Knochen zugeben, mit Kalbsfond und Balsamico aufgießen, die Kräuter hinzufügen und 4 Stunden bei schwacher Hitze ziehen lassen. Zwischendurch das Fett abschöpfen und den Schaum abschöpfen.

3. Dann die Brühe durch ein Sieb gießen und auf 400 Milliliter einkochen. Mit Salz und Pfeffer abschmecken.

Polenta mit getrockneten Tomaten:

1. 1 Liter Wasser mit der Sahne aufkochen. Nach und nach das Polentamehl einrühren und zu einer dicken Masse einkochen lassen. Muskatnuss, Parmesan und die getrockneten Tomatenstücke zugeben; mit Salz und Pfeffer würzen.

2. Die Masse in eine Backform streichen und im Kühlschrank fest werden lassen.

3. Die Polenta aus der Form stürzen, in 12 Stücke schneiden und in Mehl wenden.

4. Die Butter in einer beschichteten Pfanne erhitzen und die Polentastücke auf beiden Seiten goldbraun braten. Ein Backblech mit Backpapier auslegen und die Polenta darauf setzen.

Rehrücken:

1. Den Backofen auf 200 °C (Gas Stufe 3–4, Umluft 180 °C) vorheizen. Die Filets in 4 Stücke teilen, salzen, pfeffern und im heißen Öl anbraten. Mit den Bresaolascheiben umwickeln, fest mit Küchengarn verschnüren und für 8 bis 10 Minuten im Ofen braten. Herausnehmen, in Alufolie wickeln und an einem warmen Ort ruhen lassen.

2. Die Polentastücke im Ofen erwärmen.

3. In der Zwischenzeit den Spinat putzen, die harten Stiele entfernen und die Blätter 1 Minute in kochendem Wasser blanchieren. Abschrecken, abtropfen lassen, ausdrücken und grob hacken. Die Schalotte abziehen und würfeln. 2 Esslöffel Butter erhitzen, Schalotte und Spinat darin andünsten und mit Zitronensaft, Salz und Pfeffer würzen.

4. Die Sauce erhitzen, mit der restlichen Butter montieren und die Johannisbeeren hinzufügen. Sofort servieren.

Zubereitung

Für 4 Personen

Grauentenbrust
auf Trüffel-Pot-au-feu mit Gemüse und Portabello

Zutaten

2 Grauenten
etwas Suppengemüse (Porree, Zwiebel, Möhre, Knollensellerie, Thymian, Lorbeer)
3 l dunkler Kalbsfond
1 kg Entenfett
1 Zweig Thymian
1 Knoblauchzehe
Salz, Pfeffer
2 Möhren
2 Kartoffeln
2 Stangen Staudensellerie
2 Portabello
1 TL Trüffelöl
1 Trüffel
eventuell etwas Kerbel zum Garnieren

Zubereitung

Pot au feu:

1. Die Brüste und Keulen der Enten auslösen (vom Metzger machen lassen). Die Karkassen in Stücke hacken, mit Suppengemüse und Kalbsfond in einen Topf geben und einige Stunden bei schwacher Hitze kochen. Den Schaum hin und wieder abschöpfen.

2. Die Brühe durch ein Passiertuch gießen, nochmals aufkochen und mit Salz und Pfeffer würzen. Wird die Brühe kräftiger gewünscht noch etwas einkochen lassen.

Entenbrust:

1. In der Zwischenzeit die Keulen in einen kleinen Bräter anbraten. Dann mit dem geschmolzenen Entenfett übergießen; Thymian und die Knoblauchzehe zugeben. Den Bräter mit einer Folie bedecken und bei 170 °C (Gas Stufe 2, Umluft 150 °C) ca. 1 Stunde und 15 Minuten im vorgeheizten Ofen garen.

2. Die Entenbrüste von der Haut befreien, anbraten und im heißen Ofen bei 200 °C (Gas Stufe 3-4, Umluft 180 °C) 6 bis 7 Minuten garen. In Alufolie wickeln und an einem warmen Ort ruhen lassen.

3. Das Gemüse und die Pilze putzen, die Kartoffeln schälen und alles in Stifte schneiden. Die Gemüsestifte und die Entenkeulen in die Brühe geben und 10 Minuten kochen.

Anrichten:

Die Teller mit etwas Trüffelöl beträufeln, Brühe darauf schöpfen und Trüffelscheibchen darüber hobeln. Das Gemüse und die Entenkeulen auf den Tellern anrichten. Die Entenbrüste tranchieren und darauf legen. Mit Kerbel garnieren und sofort servieren.

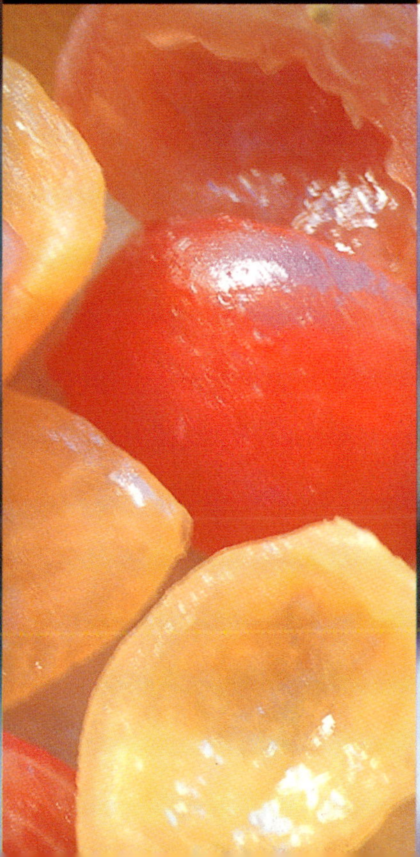

Søren Thyboe

ouschef: Hotel Kong Frederik,
openhagen

hef de cuisine: Guldanden,
openhagen

ouschef: Belle Terasse

hef de cuisine: Restaurant
mb, Tivoli, Kopenhagen

hef de cuisine und Inhaber:
o & Bistro, Tisvilde,
ordseeland

ußerdem hat er in Irland,
chweden und den USA
earbeitet

urriculum
Vitae

Søren Thyboes Liebe zum Kochen ist einzigartig: Er kann 14 Stunden in einer gnadenlos hektischen Küche stehen, organisieren, koordinierten und kochen, um dann an der Bar bei einem Feierabendbier mit fast kindlicher Begeisterung über seine neuen Kreationen zu sprechen. Obwohl schon lange im Geschäft, liebt er seinen Beruf mit grenzenloser Leidenschaft: Neben dem Einrichten einiger der bekanntesten Restaurants in Dänemark bildet er auch Nachwuchs aus – unter anderem einige Teilnehmer dieses Buches. Zur Verzweiflung treiben ihn Disziplinlosigkeit und Dilettantismus: Er lässt nie einen Teller servieren, wenn er nicht sicher ist, dass alles darauf absolut in Ordnung ist. Sein hoch entwickelter Geschmackssinn und sein permanentes Streben nach dem Besten verschafften ihm vor einigen Jahren den Spitznamen »Søren Sauce«. Seine durchkomponierten Saucen sind in einem ständig größer werdenden Kreis von Feinschmeckern hoch geschätzt. Er hat sechs Jahre im Restaurant Bio & Bistro in Tisvilde als Besitzer und Chefkoch gewirkt. Das ist besonders bemerkenswert, da es ungeheuer schwierig ist, ein erstklassiges Restaurant außerhalb Kopenhagens am Leben zu erhalten. Søren Thyboe hat das geschafft.

Søren war so eine Art Idol für uns andere, als wir in der Lehre waren. Eine Vaterfigur. Er ist einer, den man sofort respektiert, weil er ein wahrer Meister ist, aber auch weil er andere respektvoll behandelt. Er begeistert sich für seine Arbeit und strahlt das auch absolut aus. Er ist dankbar dafür, dass er das tun darf, was er liebt, und er hat Achtung vor seiner Arbeit. Das verlangt er auch von anderen. Nur das Beste ist gut genug. Man kann durch die Nacht ziehen, aber am nächsten Tag fordert er hundertprozentigen Einsatz, von sich und den anderen. Zudem hört er nie auf, seine Küche raffinierter und besser zu machen. Er ist ein Koch mit tiefen Wurzeln in der klassischen französischen Küche; Moden hat er nicht nötig. Ruhig und besonnen entwickelt er seinen eigenen Stil und lässt andere in den Medien plaudern. Es ist das Essen, das zählt.

Für 4 Personen

Tomaten-Mozzarella-Salat
mit Zwiebelringen und Petersilienöl

Ausbackteig:

200 g Mehl

200 ml eiskaltes Wasser

4 Eier

2 Eigelbe

Salz, Pfeffer

Petersilienöl:

1 Knoblauchzehe

1 Bund glattblättrige Petersilie

200 ml Olivenöl

Salz, Pfeffer

Tomaten-Mozzarella-Salat:

2 Schalotten

200 g Mozzarella

4 Tomaten

1 Zwiebel

Distelöl zum Braten

Ausbackteig:

Mehl in das eiskalte Wasser einrühren, dann die Eier und Eigelbe einarbeiten, bis ein glatter Teig entstanden ist; diesen mit Salz und Pfeffer würzen.

Petersilienöl:

Die Knoblauchzehe abziehen und durchpressen, die Petersilie waschen, trockentupfen und fein hacken. Beide Zutaten in das Öl einrühren. Kräftig mit Salz und Pfeffer würzen.

Tomaten-Mozzarella-Salat:

1. Die Schalotten abziehen und fein würfeln. Die Mozzarella in Scheiben schneiden. Die Tomaten an der Unterseite kreuzweise einschneiden, in kochendem Wasser kurz überbrühen, abschrecken und häuten. Jede Tomate in 6 dünne Scheiben schneiden und abwechselnd mit gehackten Schalotten, Mozzarella sowie Salz und Pfeffer zu kleinen Türmchen aufschichten.

2. Die Zwiebel abziehen und in Ringe schneiden. Die Ringe in den Teig tauchen und im heißen Öl ausbacken. Auf Küchenpapier abtropfen lassen.

3. Die Tomatentürmchen auf dem Petersilienöl anrichten und mit den Zwiebelringen garnieren.

Zutaten

Zubereitung

Für 4 Personen

Kalte Wachtelterrine mit Salat und Wachteleiern

Zutaten

Wachtelterrine:

4 Wachteln
1 Ei
100 g Sahne
Salz, Pfeffer
80 g Gänseleber

Dressing:

100 ml kaltgepresstes Olivenöl
1 EL Trüffelöl
3 EL Balsamico
Salz, Pfeffer
1 kleine Trüffel

Salat:

8 Wachteleier
Rucola
Lollo rossa
Endiviensalat
Kerbel
glattblättrige Petersilie
Basilikum

Zubereitung

Wachtelterrine:

1. Die Wachteln mit einem kleinen scharfen Messer am Rücken aufschneiden und das Fleisch im Ganzen von den Knochen auslösen. Unterschenkel und Flügel abschneiden. Sie werden für den Salat knusprig braun gebraten.

2. Die Wachtelbruststücke samt Haut vom übrigen Rumpf abtrennen und beiseite legen. Die Oberschenkel ausbeinen, häuten und mit dem restlichen Fleisch, Ei und Sahne zu einer Farce pürieren.

3. Den Backofen auf 160 °C (Gas Stufe 1-2, Umluft 140 °C) vorheizen. Die Bruststücke mit der Hautseite nach unten auf ein Stück Backpapier legen, mit Salz und Pfeffer würzen, mit der Farce bestreichen und mit der Gänseleber belegen. Mit Hilfe des Backpapiers die Masse zu einer Rolle von 4 cm Durchmesser formen, in Alufolie wickeln und an den Enden fest ziehen. Im Backofen ca. 20 Minuten backen, abkühlen lassen und in 12 Medaillon schneiden. Papier und Alufolie entfernen.

Dressing:

Olivenöl, Trüffelöl und den Balsamicoessig miteinander verrühren. Mit Salz und Pfeffer würzen. Die Trüffel in kleine Stückchen hobeln und hinzufügen.

Salat:

1. Die Wachteleier ca. 2 Minuten kochen, abkühlen lassen, pellen und halbieren.

2. Die Salate und Kräuter waschen, in nicht zu kleine Stücke reißen und in der Hälfte des Dressings wenden und in der Mitte von vier Tellern anrichten.

Anrichten:

Auf den Salat die »lächelnden«, halbierten Wachteleier und die Terrinenmedaillons legen, das restliche Dressing um den Salat auf den Teller streichen und die knusprigen Wachtelstücke um den Salat platzieren.

Für 8 Personen

Marinierte Entenleber mit Porree und Serranoschinken

Zutaten

Marinierte Entenleber:

500 g Entenleber
1 TL Zucker
1 TL Salz
1 TL frisch gemahlener weißer Pfeffer
100 ml Portwein
100 ml Madeira
1 große Stange Porree
5 Scheiben spanischer Serranoschinken

Trüffeldressing:

100 ml kaltgepresstes Olivenöl
50 ml Balsamico
Salz, Pfeffer
1 Msp. Zucker
1 EL Trüffelöl

Salat:

250 g Rucolasalat
100 g geröstete Pinienkerne
50 g frische Trüffel

Zubereitung

Marinierte Entenleber:

1. Die Entenleber in Stücke schneiden und mit einer Lachszange von den Adern befreien. Mit Zucker, Salz und Pfeffer würzen und in Portwein und Madeira ca. 12 Stunden marinieren.

2. Den Porree putzen, in leicht gesalzenem Wasser garen und abkühlen lassen.

3. Die Serranoscheiben nebeneinander auf ein Stück Backpapier legen. Die Entenleber gleichmäßig darauf verteilen. In die Mitte den gekochten Porree legen. Mit Hilfe des Backpapiers zu einer Rolle formen, fest mit Alufolie umwickeln und in den Kühlschrank legen.

Trüffeldressing:

Für das Trüffeldressing Olivenöl und Balsamico verrühren, mit Salz, Pfeffer, Zucker und Trüffelöl pikant würzen.

Salat:

Den Salat waschen, putzen und im Trüffeldressing wenden.

Anrichten:

Die Entenleberpastete auswickeln, in 8 Scheiben schneiden und auf acht Teller verteilen. Mit dem Rucolasalat umlegen. Den Salat mit den gerösteten Pinienkernen bestreuen und mit dünnen Trüffelscheiben garnieren.

Für 5 Personen

Geräucherter Lachs
mit Spargel, Krabbensalat und Kerbelmarinade

Geräucherter Lachs:

250 g geräucherter Ostseelachs
4 Blatt Gelatine
250 g weißer Spargel
Salz, Pfeffer
200 g grüner Spargel

Krabbensalat:

4 verschiedene krause Salate und Kräuter
Essig-Öl-Dressing
100 g geschälte Krabben

Kerbelmarinade:

1 Bund Kerbel
200 ml Olivenöl
zerstoßene Fenchelsamen
Salz, Pfeffer

Geräucherter Lachs:

1. Den Räucherlachs in 4 Quadrate mit der ungefähren Länge der Spargelstangen ohne Köpfe schneiden. Die Lachsstücke auf 4 Stück Folie auslegen. Die Gelatine in kaltem Wasser einweichen.

2. Den weißen Spargel schälen und die Enden abschneiden. Die Stangen in leicht gesalzenem Wasser garen. Herausnehmen, abtropfen lassen, die Köpfe abschneiden und die Stangen noch heiß auf 2 Lachsquadrate legen. Jeweils mit 1 Blatt Gelatine belegen, mit Salz und Pfeffer würzen und mit Hilfe der Folie fest aufrollen.

3. Die grünen Spargelspitzen abschneiden. Die Stangen in leicht gesalzenem Wasser blanchieren. Weiter so verfahren wie mit den weißen Spargelstangen.

4. Die Rollen ca. 3 Stunden in den Kühlschrank legen.

Krabbensalat:

Die Salate und Kräuter putzen, waschen und mit dem Essig-Öl-Dressing vermengen. Die Spargelspitzen und die Krabben unterheben.

Kerbelmarinade:

Den Kerbel fein hacken, mit dem Olivenöl verrühren und mit Fenchelsamen, Salz und Pfeffer würzen.

Anrichten:

Die Teller mit der Kerbelmarinade bestreichen und den Salat in die Mitte setzen. Die Lachsrollen auswickeln, jeweils in 5 Scheiben schneiden und auf den Tellern anrichten.

Zutaten
Zubereitung

Für 4 Personen

Gegrillte Kammmuscheln mit Kartoffelpüree

Kartoffelpüree:

500 g fest kochende Kartoffeln
ca. 100 ml Olivenöl
Salz, Pfeffer

Kerbelcreme:

2 Schalotten
25 ml Distelöl
1 Zweig Thymian
einige Pfefferkörner
einige Korianderkörner
200 ml Weißwein
200 g Sahne
1 Bund Kerbel
25 g Butter
Salz, Pfeffer

Kammmuscheln:

8 große dünne Scheiben Serranoschinken
12 Kammmuscheln
Salz, Pfeffer

Kartoffelpüree:

Die Kartoffeln schälen, weich kochen und ausdampfen lassen. Durch eine Kartoffelpresse drücken und mit dem Olivenöl verrühren. Mit Salz und Pfeffer würzen.

Kerbelcreme:

1. Für die Kerbelcreme die Schalotten abziehen und fein würfeln. Das Distelöl erhitzen und die Schalotten darin andünsten. Thymian, Pfeffer- und Korianderkörner zugeben und mitbraten. Wenn die Schalotten leicht gebräunt und glasig sind, mit dem Weißwein ablöschen und zur Hälfte einkochen lassen. Die Sahne angießen. Die Sauce kochen, bis sie cremig ist.
2. Den Kerbel hacken und unter die Sauce ziehen. Die Butter einrühren und mit Salz und Pfeffer würzen. Die Sauce soll eine frische grüne Farbe haben.

Kammmuscheln:

Die Schinkenscheiben bei 80 °C im Ofen knusprig backen. Die Kammmuscheln in einer geriffelten Grillpfanne braten, so dass sie ein schönes Muster bekommen. Mit Salz und Pfeffer würzen.

Anrichten:

Das warme Kartoffelpüree in Form eines Zylinders in der Mitte des Tellers anrichten. Die knusprigen Schinkenscheiben hineinstecken, die Kammmuscheln auf den Tellern anrichten und mit der Kerbelcreme garnieren.

Für 4 Personen

Meeräschenfilet mit zweierlei Kaisergranatcremes auf Sellerie-Trüffel-Ragout

Zutaten

Kaisergranatbisque:

8 Kaisergranat (als Kaisergranat werden die ca. 10 bis 25 cm langen Langschwanzkrebse, auch als Tiefseehummer bekannt, bezeichnet)
2 EL Pflanzenöl
1 Zweig Thymian
3 Knoblauchzehen
einige ganze Pfefferkörner
einige Korianderkörner
etwas Tomatenpüree
300 ml brauner Kalbsfond
50 g Sahne
30 g Butter
Salz, Pfeffer

Kaisergranatcreme:

250 g Crème fraîche, 38%
etwas gehackter Kerbel
Salz, Pfeffer

Meeräschen:

Ca. 2 kg Meeräschen (2 Stück)
300 g Staudensellerie
300 g Knollensellerie
Salz
1 Trüffel
4 EL Pflanzenöl
2 EL Butter

Zubereitung

Kaisergranatbisque:

1. Von den Kaisergranaten die Köpfe von den Schwänzen abtrennen. Das Fleisch aus den Schwänzen herausbrechen und beiseite legen.

2. Die Schalen im heißen Öl anbraten, Thymian, zerdrückte Knoblauchzehen, Pfeffer- und Korianderkörner zugeben. Das Tomatenmark hinzufügen und anbräunen. Mit dem Kalbsfond aufgießen und aufkochen. 30 Minuten bei schwacher Hitze ziehen lassen.

3. Die Schalen entfernen, die Sauce pürieren und durch ein feines Sieb streichen. Mit der Sahne verfeinern, etwas einkochen und schaumig aufschlagen. Die Butter einrühren und mit Salz und Pfeffer würzen.

Kaisergranatcreme:

1. Die Crème fraîche wie Sahne steif schlagen.

2. Die Hälfte der abgekühlten Hummerschwänze klein schneiden und unter die Crème fraîche heben. Mit Kerbel, Salz, Pfeffer und etwas kalter Kaisergranatbisque abschmecken.

Meeräschen:

1. Die Meeräschen filetieren, schuppen und von Gräten befreien.

2. Den Staudensellerie und den geschälten Knollensellerie in dünne Streifen schneiden und getrennt in kochendem, leicht gesalzenem Wasser blanchieren. Abschrecken und mit der Hälfte der in dünne Scheiben gehobelten Trüffeln vermischen.

3. Den Backofen auf 200 °C (Gas Stufe 3-4, Umluft 180 °C) vorheizen. 2 Esslöffel Öl erhitzen und die Meeräschenfilets auf der Hautseite anbraten, wenden und in 10 Minuten im heißen Ofen fertig braten.

4. Die restlichen Kaisergranatschwänze mit Öl einpinseln, einritzen und ebenfalls 10 Minuten im Ofen braten.

Anrichten:

Das Sellerie-Trüffel-Ragout vorsichtig in etwas Butter erwärmen und auf vier Teller verteilen. Die gebratenen Meeräschenfilets darauf legen. 1 Esslöffel Kaisergranatcreme darauf platzieren und obenauf die Hummerschwänze setzen. Die Kaisergranatbisque darum verteilen und mit den restlichen Trüffel garnieren.

Serviertipp:

Wenn Sie die Meeräschenfilets als Hauptgericht reichen, servieren Sie sie mit neuen Kartoffeln.

Für 4 Personen

Gefüllte Stubenkükenbrust mit Trüffelglace und Gemüsetagliatelle

Gefüllte Stubenküken:

4 Stubenküken
Salz
1 Ei
100 g Sahne
100 g Steinpilze
1 EL Pflanzenöl
100 g Pecorino
100 g Schweinenetz

Trüffelglace:

2 EL Pflanzenöl
3 Knoblauchzehen
1 Zweig Thymian
1/2 TL schwarze Pfefferkörner
einige Korianderkörner
50 ml Balsamico
200 ml Rotwein
etwas Trüffelöl
etwas Trüffeln
Salz, Pfeffer

Gemüsetagliatelle:

1 Stange Porree à 100 g
100 g Möhren
100 g Staudensellerie
100 g Knollensellerie
100 g Schwarzwurzeln
Salz
Pflanzenöl zum Frittieren

Zutaten

Gefüllte Stubenküken:

1. Die Stubenküken in Brust und Keulen teilen. Die Karkassen für die Trüffelglace beiseite stellen. Die Brustfilets häuten, die Flügel dabei nicht entfernen. Die Keulen in Ober- und Unterschenkel teilen. Die Oberschenkel häuten und entbeinen.

2. Das Oberschenkelfleisch und das Rückenfleisch hacken. Mit Salz, Ei und Sahne vermengen.

3. Die Pilze putzen, grob hacken und in etwas Öl braten. Den Pecorino zerbröseln und beides zur Füllung geben.

4. Die Füllung jeweils zwischen 2 Brustfilets streichen; mit einer Lage Schweinenetz fest umwickeln. Den Backofen auf 170 °C (Gas Stufe 2, Umluft 150 °C) vorheizen und die gefüllten Stubenkükenbrüste darin 15 bis 20 Minuten braten.

6. Das Fleisch der Unterschenkelknochen etwas zurückschieben, so dass der Knochen am unteren Ende frei liegt. Die Unterschenkel die letzten 10 Minuten der Garzeit mitbraten.

Trüffelglace:

1. Die Karkassen klein hacken, im heißen Öl kräftig anbraten und die zerdrückten Knoblauchzehen, Thymian, Pfeffer- und Korianderkörner zugeben. Mit Balsamico ablöschen, den Rotwein und 300 Milliliter Wasser aufgießen. Die Sauce ca. 30 Minuten bei geringer Hitze kochen lassen.

2. Die Sauce durch ein Sieb abgießen, zu einer Glace dick einkochen und mit Trüffelöl, Trüffeln, Salz und Pfeffer würzen.

Gemüsetagliatelle:

1. Den weißen Teil des Porrees und das restliche Gemüse waschen, putzen, schälen und mit einem Sparschäler in dünne Streifen wie Tagliatelle schneiden.

2. Die Gemüsestreifen in leicht gesalzenem, kochendem Wasser blanchieren, in eiskaltem Wasser abschrecken und abtropfen lassen.

3. Den grünen Teil des Porrees in dünne Streifen schneiden, trockentupfen und im heißen Pflanzenöl frittieren. Auf Küchenpapier abtropfen lassen und salzen.

Sämtliche Zutaten auf vier Teller verteilen und sofort servieren.

Zubereitung

Für 4 Personen

Erdbeer-Makronen-Torte
mit Erdbeer-Minze-Salat

Zutaten

800 g Erdbeeren
2 Vanilleschoten
200 g Sahne
100 g Zucker
50 g weiße Schokolade
100 g Eiweiß
100 g Marzipan
100 g Mandelsplitter
4 Mürbeteigtörtchen
50 g Puderzucker
1 Bund Minze

Zubereitung

1. Die Erdbeeren waschen und putzen. Die Vanilleschoten aufschlitzen und das Mark herauskratzen. Die Hälfte der Erdbeeren mit Sahne, Zucker, Vanillemark und -schoten aufkochen. Die Beeren herausnehmen und die Erdbeersahne cremig einkochen. Die Vanilleschoten entfernen, die Creme pürieren und abkühlen lassen.

2. Die weiße Schokolade über einem Wasserbad schmelzen. Das Eiweiß steif schlagen und mit Marzipan und Mandelsplitter vermischen.

3. Die Mürbeteigtörtchen mit der Schokolade einpinseln und die abgekühlten Beeren auf den Törtchen verteilen. Die Eiweißmasse darauf streichen. 12 bis 15 Minuten im Tiefkühlfach anfrieren lassen.

4. Den Backofen auf 200 °C (Gas Stufe 3–4, Umluft 180 °C) vorheizen und die Törtchen darin 10 bis 12 Minuten backen.

5. Ein Drittel der restlichen Erdbeeren mit dem Puderzucker pürieren. Die verbliebenen Beeren in Scheiben schneiden und im Püree wenden. Die Hälfte der Minze hacken und darüber streuen.

6. Den Erdbeersalat in der Mitte der Teller anrichten und die Törtchen darauf setzen. Die kalte Erdbeersahne darum herum verteilen und mit der restlichen Minze garnieren.

Für 4 Personen

Limetten-Käsekuchen mit Passionsfrucht und Heidelbeeren

Käsekuchen:

2 Limetten
200 g Zucker
3 Eier
200 g Quark
200 g Frischkäse
150 g Crème fraîche, 38 %
400 g Sahne
100 g weiße Schokolade

Keksboden:

200 g Butterkekse
100 g Butter
100 g brauner Zucker

Gelee:

2 Vanilleschoten
800 ml Passionsfruchtpüree
200 g Zucker
2 Blatt Gelatine

Außerdem:

250 g Heidelbeeren

Käsekuchen:

1. Die Limetten waschen. Mit einem Zestenreißer dünne Streifen der Schale abschälen und in etwas Wasser mit 50 Gramm Zucker glasieren. Den Saft der Limetten auspressen.

2. Eier und restlichen Zucker schaumig schlagen. Quark, Frischkäse, Crème fraîche und Sahne vermischen und cremig-steif schlagen.

3. Die weiße Schokolade über einem Wasserbad schmelzen und unter die Eimasse ziehen.

4. Die Eimasse unter die Sahnecreme heben und mit Limettensaft würzen.

Keksboden:

1. Die Kekse zerbröseln. Die Butter mit dem Zucker schmelzen und mit den Keksen verrühren.

2. Die Keksmischung auf 8 Zylinderförmchen von 6 cm Durchmesser verteilen und gut fest drücken.

3. Die Förmchen bis 1 cm unter den Rand mit der Käsemasse füllen und in den Kühlschrank stellen.

Gelee:

1. Die Vanilleschoten aufschlitzen und das Mark herauskratzen. Das Passionsfruchtpüree mit Zucker und Vanilleschoten und -mark aufkochen. Abkühlen lassen und die Vanilleschoten entfernen.

2. Die Gelatine in kaltem Wasser einweichen, ausdrücken und über einem Wasserbad auflösen. In die Hälfte des Passionsfruchtpürees einrühren. Die Formen mit den Käsekuchen damit auffüllen und wieder kalt stellen, bis das Püree fest geworden ist.

Anrichten:

1. Das restliche Passionsfruchtpüree auf acht Teller verteilen. Die Käsekuchen aus der Form lösen und in die Mitte der Teller setzen.

2. Die Törtchen mit den glasierten Limettenschalen garnieren. Die Heidelbeeren verlesen und auf den Tellern verteilen.

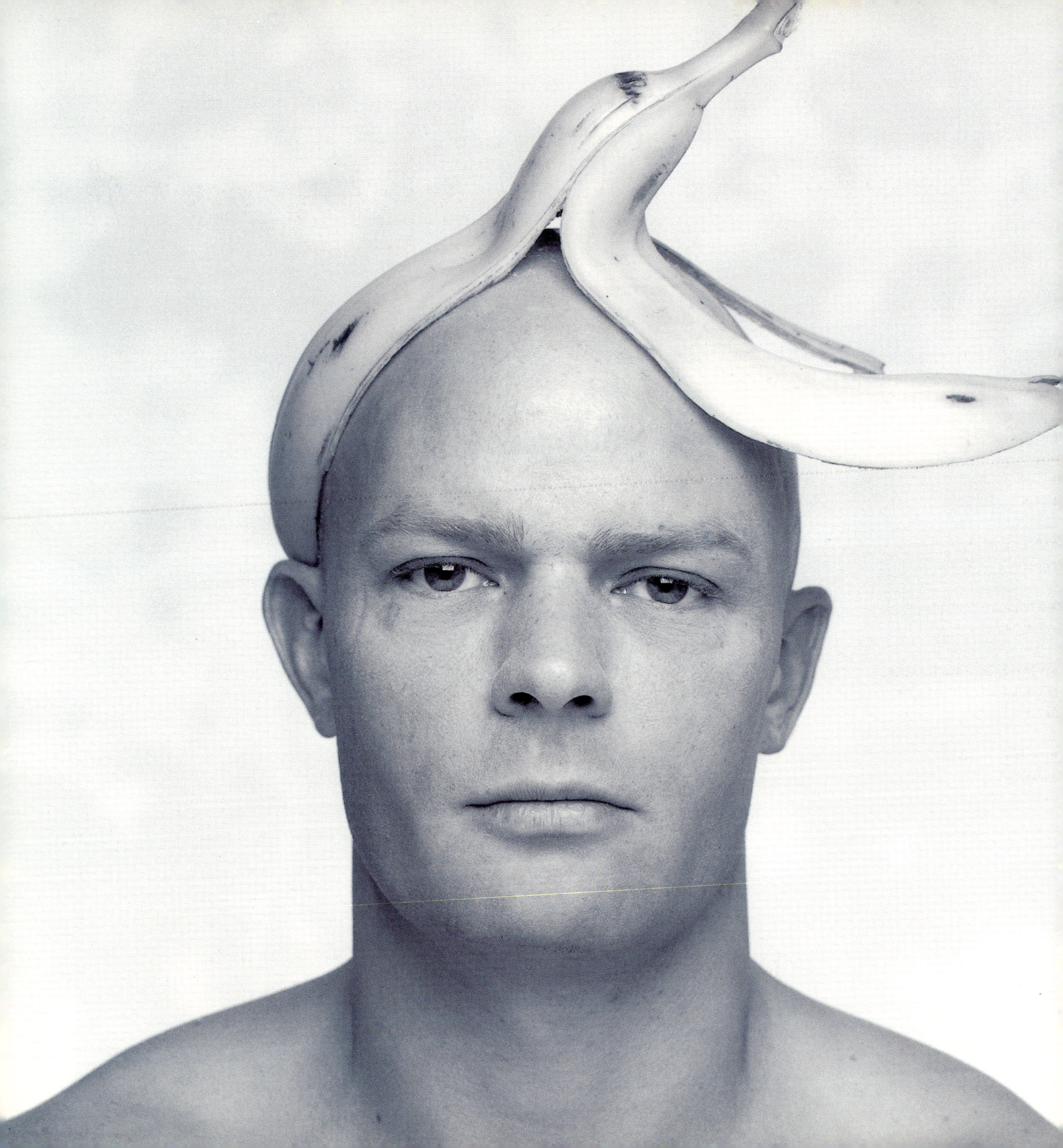

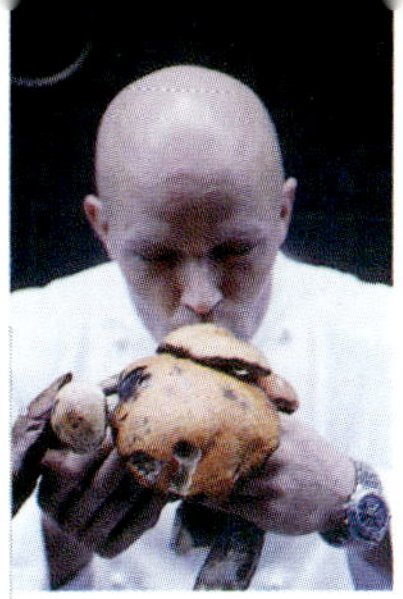

Niels Meldgaard

elernt im Hotel Østerport,
openhagen

hef de parti: Belle Terasse,
ivoli, Kopenhagen

ouschef: Charlie Trotter,
hicago

hef de cuisine: Restaurant
råbrødre Torv 21, Kopenhagen

hef de cuisine: Victor und
okken, Kopenhagen

hef de cuisine: Victor, Nokken,
tcetra, Dan Turell, Sommersko,
lle Kopenhagen

hef de cuisine: Capo,
openhagen

Curriculum Vitae

Viele Jahre war Niels fester Bestandteil des Kopenhagener Tag- und Nachtlebens: tagsüber mit dem Handy in der Innenstadt unterwegs, nachts dann in den Bars und Clubs. Sein herausfordernder Blick sagt, dass er sich schwer tut mit Regeln und Grenzen. Er ist kreativ im besten Sinne des Wortes. Als Energiebündel, das Lebensfreude pur austrahlt, liebt er es zu lesen und zu reisen. So war er es vor allen anderen, der die neue Küche, die Fusionsküche, nach Dänemark brachte. Für viele Kochlehrlinge ist er damit ein Held, der jedoch auch von allen anderen der Branche respektiert wird. Denn längst hat er bewiesen, das er seine manchmal kruden Ideen handwerklich perfekt zu kulinarischen Kunstwerken umsetzen kann.

Er ist das enfant terrible der Gruppe und ein professioneller Provokateur – eine Rolle, die er liebt. Das zeigt sich zum Beispiel, wenn er auf Nacktfotos posiert. Und wenn er dann mal wieder nervt, dann versöhnt er uns mit seinem charmanten Lächeln. Ein Lächeln übrigens, das er auch bestens bei Frauen einzusetzen weiß…

I der Küche macht er nie Kompromisse, was sich unter anderem bei der Wahl der Zutaten zeigt: Nur das Beste ist gerade gut genug. Er ist beinahe immer fröhlich, was sich in seinen Kreationen widerspiegelt. Seine Küche ist eine Sonnenscheinküche, bei der er mehr wagt als die meisten, aber dennoch immer die Kontrolle behält. Er kann es gut finden, eine Tomate für Stunden in den Ofen zu geben und sie dann einfach nur mit gutem Öl zu servieren. Er ist Weltmeister für Salate auf 600 Arten. Abgesehen von all seinen Talenten ist er stinkfaul, unpünktlich und unorganisiert. Trotzdem erreicht er immer sein Ziel. Eigentlich wollte er ja Rockstar werden, nach seinem Idol Bruce Springsteen, musste sich jedoch mit dem Zweitbesten zufrieden geben.

Für 4 Personen

Cappuccini

Zutaten

Tomaten-Cappuccino:

1 Schalotte
1 Knoblauchzehe
1 Zweig Thymian
etwas Öl
4 Tomaten
2 EL Sherry
2 EL Rohrzucker
2 EL Weißwein
200 ml Hühnerfond
1 EL Tomatenketchup
etwas geschlagene Sahne

Nero-Cappuccino:

100 g schwarze Bohnen, eingeweicht und in Hühnerfond weichgekocht
200 ml Muschelbouillon
1 EL Tintenfischtinte (beim Fischhändler bestellen)
1 TL gehackte rote Chilischote
1 Knoblauchzehe
1 Stück frische rote Chilischote
etwas geschlagene Sahne

Brunnenkresse-Spinat-Cappuccino:

2 Hand voll Spinat
2 Hand voll wilde Brunnenkresse
50 g Butter
50 g gekochte Kartoffel
1 Msp. Kümmel
1 EL Limettensaft
200 ml Hühnerfond
Salz, Pfeffer

Entenleber-Cappuccino:

50 g Butter
2 EL Mascarpone
200 ml Hühnerfond
2 EL geriebener Räucherkäse
1 TL grüner Pfeffer
1 EL Sauterne-Wein
1 EL Poire Williams Eau de Vie (Birnenbranntwein)
1 EL Trüffelöl
Salz, Pfeffer
100 g Entenleber
1 EL frische Trüffeln zum Garnieren

Bouillabaisse-Cappuccino:

200 ml Fischbouillon
100 ml Hummercremesuppe
1 TL Safran
100 g Kammmuscheln
2 EL Crème fraîche, 38 %
Tabasco
Salz, Pfeffer
etwas geschlagene Sahne
etwas Safran zum Garnieren

Zubereitung

Tomaten-Cappuccino:

Schalotte und Knoblauchzehe abziehen und fein würfeln. Mit dem Thymian im heißen Öl andünsten. Die Tomate häuten, vierteln und mit dem Sherry und dem Rohrzucker zu der Schalotte geben. Die Flüssigkeit verdampfen und den Zucker karamellisieren lassen. Mit Weißwein und Hühnerfond ablöschen. Tomatenketchup hinzufügen. Die Suppe 5 Minuten kochen. Durchrühren und heiß mit einem Sahnetupfer garniert servieren.

Nero-Cappuccino:

Die Bohnen in der Muschelbouillon mit Tinte, Chili und gepresstem Knoblauch aufkochen. Durch ein Sieb streichen und heiß mit einem Sahnetupfer und etwas Chilischote garniert servieren.

Brunnenkresse-Cappuccino:

Sämtliche Zutaten bis auf den Hühnerfond in einem Mixer pürieren. Den Hühnerfond aufkochen und die pürierten Zutaten zugeben. Nochmals aufkochen, mit Salz und Pfeffer abschmecken und heiß servieren.

Entenleber-Cappuccino:

Sämtliche Zutaten bis auf Entenleber und Trüffeln aufkochen lassen. Die Entenleber zugeben, kurz aufkochen, mit einem Mixer pürieren und durch ein Sieb streichen. Mit Salz und Pfeffer abschmecken und mit dem frisch geriebenen Trüffel garniert servieren.

Bouillabaisse-Cappuccino:

Fischbouillon, Hummercemesuppe und Safran zusammen erhitzen und auf die Hälfte reduzieren. Mit den Kammmuscheln, Crème fraîche und Tabasco in einem Mixer pürieren. Mit Salz und Pfeffer abschmecken und mit einem Sahnetupfer und Safran garniert servieren.

Für 4 Personen

Thunfisch-Pastrami
mit eingelegter Paprika

100 ml Sherryessig
10 g Zucker
1 roter Chilischote
4 Paprika
400 g Thunfischfilet
2 EL Curry
100 ml kaltgepresstes Olivenöl
1 Hand voll gemischte Kräuter
4 Stauden Chicorée
2 Bund wilde Brunnenkresse
12 Austern

1. Den Sherryessig mit Zucker und der Chilischote aufkochen.

2. Die Paprika waschen, halbieren, von Stielansatz, weißen Zwischenwänden und Kernen befreien und in kochendem Wasser blanchieren. In den Sherryessig geben und mindestens 48 Stunden marinieren.

3. Den Thunfisch mit dem Curry einreiben und im heißen Olivenöl kräftig anbraten. Die Kräuter hacken und den Fisch darin wenden. Die Fischfilets fest in Folie verpacken und einige Stunden im Kühlschrank ruhen lassen.

4. Chicorée und Brunnenkresse waschen, putzen und in der Mitte von vier Tellern anrichten. Den Thunfisch in dünne Scheiben schneiden und auf den Tellern verteilen. Mit Paprikastücken und gehackten Austern umlegen.

Zutaten
Zubereitung

Für 4 Personen

Pizza
mit Gelber Bete, Kaviar und Wodkasalat

Zutaten

Pizza:

50 g Weizenmehl Typ 405

50 g Weizenmehl Typ 550

10 g Hefe

2 EL Pflanzenöl

50 g Mascarpone

4 Gelbe Beten, geschält und in Wasser weich gekocht

2 EL Olivenöl

50 g Büffelmozzarella

100 g Kaviar, etwas für den Salat beiseite legen

Wodkasalat:

100 g Sahne

2 EL Wodka

Salz, Pfeffer

gemischter Blattsalat

Zubereitung

Pizza:

1. Das Mehl in eine Schüssel sieben und die Hefe in eine Mulde in der Mitte bröseln. Mit etwas Mehl und Wasser verrühren und 30 Minuten an einem warmen Ort zugedeckt gehen lassen.

2. Pflanzenöl und 75 Milliliter Wasser zugeben, zu einem elastischen Teig verkneten und nochmals 30 Minuten gehen lassen.

3. Den Teig zu einem Kreis ausrollen und mit Mascarpone bestreichen. Die in Scheiben geschnittene Gelbe Beete darauf verteilen und etwas Olivenöl darauf träufeln. Mit Mozzarellascheiben belegen und die Pizza im vorgeheizten Backofen bei 250 °C (Gas Stufe 6) 8 bis 12 Minuten backen, bis der Boden knusprig ist.

4. Etwas Kaviar in die Mitte setzen und mit dem Wodkasalat servieren.

Wodkasalat:

Die Sahne mit dem Wodka verrühren, mit Salz und Pfeffer würzen und unter die Salatblätter heben. Den Salat mit dem restlichen Kaviar garnieren.

Info:

Gelbe Bete ist die zarter und milder schmeckende Verwandte der Roten Bete.

Für 4 Personen

Wildtauben und Schnecken mit Vanillerisotto

Zutaten

Vanillerisotto:

2 EL Olivenöl

100 g Risottoreis (Aborio oder Carnavoli)

2 fein gehackte Schalotten

50 ml Sherry

2 Vanilleschoten

ca. 500 ml Hühnerfond

50 g geriebener Parmesan

50 g Mascarpone

Salz, Pfeffer

Paprikasauce:

2 rote Paprika

100 ml Hühnerfond

2 EL Olivenöl

Salz, Pfeffer

Wildtauben:

4 Wildtauben

Salz, Pfeffer

2 EL Pflanzenöl

200 g Pilze, z.B. Egerlinge oder Pfifferlinge

2 EL Olivenöl

1 Bund Thymian

20 gekochte Weinbergschnecken

Zubereitung

Vanillerisotto:

1. Das Olivenöl in einem Topf mit schwerem Boden erhitzen und Reis und Schalotten darin anbraten. Wenn der Reis glasig ist, Sherry und die aufgeschlitzte Vanilleschoten hinzufügen und die Flüssigkeit einkochen.

2. Den Hühnerfond aufkochen und nach und nach zum Reis geben. Ab und zu umrühren.

3. Den Reis in ca. 20 Minuten al dente kochen, Parmesan und Mascarpone einrühren und mit Salz und Pfeffer würzen. Die Vanilleschoten entfernen.

Paprikasauce:

1. Den Backofen auf 200 °C (Gas Stufe 3-4, Umluft 180 °C) vorheizen und die Paprika 20 Minuten darin backen. Die Haut abziehen und die Schoten von den Kernen befreien.

2. Den Hühnerfond aufkochen und mit den Paprika pürieren. Das Olivenöl einrühren und mit Salz und Pfeffer würzen.

Wildtauben:

1. Die Tauben mit Salz und Pfeffer würzen, auf allen Seiten im Pflanzenöl anbraten und bei 200 °C in 10 Minuten im heißen Ofen fertig braten. Herausnehmen und warm halten.

2. Die Pilze putzen und im heißen Olivenöl mit dem Thymian braten. Mit Salz und Pfeffer würzen.

3. Die Schnecken in der Paprikasauce erwärmen.

4. Die Tauben auf dem Vanillerisotto anrichten und mit Schnecken und gebratenen Pilzen umlegen.

Steinpilze
mit Roter-Bete-Sauce und Gänseleberbutter

Für 4 Personen

Rote-Bete-Sauce:

500 g Rote Bete
200 ml Hühnerfond
Limettensaft
Salz, Pfeffer

Gänseleberbutter:

50 g Gänseleber
50 g Butter

Steinpilze:

12 Scheiben Parmaschinken
1 Knolle Knoblauch mit großen Zehen
4 EL Pflanzenöl
12 große Pilze, vorzugsweise Steinpilze
2 EL Butter

Rote Bete-Sauce:

1. Den Backofen auf 175 °C (Gas Stufe 2–3, Umluft 160 °C) vorheizen und die Rote Bete darin in ca. 1 Stunde weich garen; dann schälen und pürieren.

2. Das Püree mit dem Hühnerfond vermischen, aufkochen und einige Zeit ziehen lassen. Mit Limettensaft, Salz und Pfeffer würzen.

Gänseleberbutter:

Die Gänseleber klein schneiden und mit der Butter pürieren.

Steinpilze:

1. Den Parmaschinken 15 bis 20 Minuten im heißen Ofen bei 150 °C (Gas Stufe 1, Umluft 140 °C) knusprig braten.

2. Die Knoblauchzehen abziehen, in dünne Scheiben schneiden und im Pflanzenöl goldbraun braten. Herausnehmen und auf Küchenpapier abtropfen lassen.

3. Die geputzten Pilzköpfe 2 bis 3 Minuten in der heißen Butter wenden.

Anrichten:

Die Rote-Bete-Sauce auf die Teller gießen und die Pilze in die Mitte setzen. Mit dem Parmaschinken belegen. Mit einer kleinen Kugel Gänseleberbutter und den frittierten Knoblauchscheiben garniert servieren.

Für 4 Personen

Kaninchen
mit Möhrensauce und Kardamom

Möhrensauce:

2 Schalotten
2 Knoblauchzehen
2 Zweige Thymian
1 EL Olivenöl
100 ml Weißwein
1 g Safran
Saft von 1 Möhre
200 ml Hühnerfond
50 g Butter

Kaninchen:

1 Bund Kardamomblätter
(in Asienläden erhältlich)
4 Kaninchenfilets
8 Scheiben Blätterteig
100 g Butter
Salz, Pfeffer
24 Bundmöhren mit Grün
300 ml Sojaöl
2 mittelgroße Möhren
200 g Hüttenkäse
8 Kaninchennieren
100 ml Olivenöl
1 Bund Kerbel

Zutaten

Möhrensauce:

1. Die Schalotten und die Knoblauchzehen abziehen und fein würfeln. Den Thymian hacken. Schalotten, Knoblauch und Thymian im heißen Olivenöl andünsten. Mit dem Weißwein ablöschen, den Safran zugeben und die Flüssigkeit einkochen.

2. Mit dem Möhrensaft und dem Hühnerfond aufgießen und auf 100 Milliliter reduzieren.

3. Die Butter einrühren und die Sauce durch ein Sieb abgießen.

Kaninchen:

1. Den Backofen auf 210 °C (Gas Stufe 4, Umluft 180 °C) vorheizen. Die Kardamomblätter in kochendem Wasser kurz blanchieren und abtropfen lassen.

2. Die Kaninchenfilets von Häuten und Sehnen befreien und in die Kardamomblätter rollen. Den Blätterteig mit zerlassener Butter bestreichen, mit Salz und Pfeffer bestreuen und die Kaninchenfilets darin einwickeln. 10 Minuten im heißen Ofen backen.

3. Die Bundmöhren putzen, das Grün aber stehen lassen. In gesalzenem Wasser mit 2 Esslöffeln Öl bissfest kochen. Die spitzen Enden abschneiden, so dass man die Möhren aufstellen kann.

4. Die beiden Möhren in lange Streifen schneiden. Das Sojaöl in einer Fritteuse erhitzen und die Möhrenstreifen darin knusprig ausbacken. Auf Küchenpapier abtropfen lassen und unter den Hüttenkäse heben.

5. Die Kaninchennieren mit Salz und Pfeffer würzen und in 2 Esslöffeln Olivenöl bei starker Hitze 2 Minuten braten.

6. Die Hälfte des Kerbels mit restlichem Olivenöl, Salz und Pfeffer pürieren und durch ein Sieb streichen.

7. Die Kaninchenrollen halbieren und mit den Möhren auf den Teller stellen. Mit Möhrensauce und Kerbelöl umgießen. Den Möhren-Hüttenkäse mit den Kaninchennieren und dem restlichen Kerbel garniert getrennt dazu reichen.

Tipp:

Ich koche gerne mit Kaninchenfleisch. Es ist saftig und mild im Geschmack. Da es aber leicht trocken wird, habe ich es in Blätterteig gerollt. Das Kaninchen hat mich zu der Sauce inspiriert: Kaninchen lieben Möhren, Möhren sind gelborange genauso wie Safran und Safran steht wiederum für die asiatische Küche.

Zubereitung

Skorpionfisch
auf gebackenem Knoblauch

Für 4 Personen

Kräuteröl:

1 Hand voll gemischte Kräuter
Saft von 1 Limette
4 EL Olivenöl
Salz, Pfeffer

Skorpionfisch:

4 Knollen Knoblauch
ca. 100 ml Olivenöl
Salz, Pfeffer
400 g gekochte Frühkartoffeln
200 g Sahne
50 g Kaviar
8 Filets vom Skorpionfisch
(Roter Drachenkopf)

Kräuteröl:

Die Kräuter waschen, trockentupfen, klein hacken und mit Limettensaft und Olivenöl pürieren und mit Salz und Pfeffer würzen.

Skorpionfisch:

1. Den Backofen auf 200 °C (Gas 3–4, Umluft 180 °C) vorheizen. Die Knoblauchknollen quer halbieren, mit Olivenöl einpinseln, salzen, pfeffern und mit der Schale 15 Minuten im heißen Ofen backen. Herausnehmen und warm halten.

2. In der Zwischenzeit die geschälten Kartoffeln mit Sahne, Salz und Pfeffer aufkochen. Kräftig einkochen, so dass die Kartoffeln mit der cremigen Sahne überzogen sind. Kurz vor dem Servieren den Kaviar zugeben.

3. Die Skorpionfische mit dem verbliebenem Olivenöl in einer beschichteten Pfanne unter einmaligem Wenden braten.

Anrichten:

Die gebackenen Knoblauchknollen mit den Fischfilets belegen und in die Mitte von vier Tellern setzen. Das Kräuteröl und die Kaviarkartoffeln dazu anrichten.

Zutaten

Zubereitung

Für 4 Personen

Lachs
mit Blumen und Trüffeln

Zutaten

Kartoffelfahnen:

2 große, fest kochende Kartoffeln
2 EL Butter

Lachsfilets:

4 Lachsfilets à 150 g
Salz, Pfeffer
Pflanzenöl
300 g kleines Gemüse,
z.B. Babyfenchel oder Babyzucchini
50 g geschälte Haselnüsse
1 TL Trüffelöl

Ziegenkäsecreme:

150 g eingelegter Ziegenkäse
etwas Öl von der Ziegenkäsemarinade
50 g Joghurt

1 Hand voll essbare Blüten,
z.B. Veilchen, Tulpen oder Rosen
10 g frische Trüffeln
2 EL Balsamico

Zubereitung

Kartoffelfahnen:

1. Den Backofen auf 200 °C (Gas 3-4, Umluft 180 °C) vorheizen. Die Kartoffeln schälen, in dünne Scheiben schneiden, auf gebuttertes Backpapier dicht aneinander legen und im heißen Ofen in 10 Minuten goldbraun zu einer einzigen Platte backen. Herausnehmen und etwas abkühlen lassen.

2. Die Platte in 4 große Stücke schneiden, etwas falten und als »Fahne« hochstellen. Im Ofen bei 150 °C (Gas Stufe 1, Umluft 140 °C) in ca. 10 Minuten knusprig backen.

Lachsfilets:

1. Die Lachsfilets mit Salz und Pfeffer würzen und in etwas Öl im Backofen bei 150 °C 8 bis 10 Minuten braten. Den Fisch nicht zu lange im Ofen lassen, sonst wird er trocken.

2. Das Gemüse waschen, putzen und grob zerkleinern; in leicht gesalzenem Wasser al dente kochen.

3. Die Haselnüsse im Trüffelöl erwärmen.

Ziegenkäsecreme:

Den eingelegten Ziegenkäse mit dem Öl aus der Marinade und dem Joghurt verrühren. Die Ziegenkäsecreme vorsichtig erwärmen. Sie darf nicht kochen, sonst flockt sie aus.

Anrichten:

Die Ziegenkäsecreme auf vier Teller verteilen und den Lachs darauf setzen. Die Kartoffelfahnen dicht an den Lachs stellen. Mit Haselnüssen und dem Gemüse umlegen. Mit den Blüten und frisch geriebener Trüffel bestreuen und mit etwas Balsamico beträufeln.

Tipp:

Das Gericht an sich ist eigentlich ganz einfach. Man muss nur versuchen, die einzelnen Geschmacksnuancen zu einer höheren Einheit verschmelzen zu lassen. Dabei ist der Lachs der perfekte Sammelpunkt. Sein milder und leicht fetter Geschmack hält das ganze Gericht zusammen, so dass es nicht in einer völligen Geschmacksverirrung endet. Vorsicht ist bei den Blüten und der Trüffel geboten, sie sind kräftiger als man annimmt.

Für 4 Personen

Weißes Schokoladenmousse mit gelben Tomaten

Gelbe Tomaten:

8 gelbe Tomaten
Saft von 2 Orangen
50 g Honig
50 g Olivenöl
Safran

Schokoladenmousse:

200 g Eigelbe
40 g Zucker
400 g weiße Schokolade
8 Blatt Gelatine
1 kg Sahne
etwas Minze

Außerdem:

8 gebackene Tomaten, (mit Honig und Olivenöl in einem Ofen 24 Stunden bei 50 °C gebacken)
16 frittierte Basilikumblätter

Gelbe Tomaten:

1. Die Tomaten von Haut und Kernen befreien, in ein ofenfeste Form setzen, mit Orangensaft, Honig und Olivenöl begießen und bei 100 °C 1 Stunde backen. Abkühlen lassen.

2. Die verbliebene Flüssigkeit mit Wasser auf 100 Milliliter auffüllen und mit dem Safran verrühren.

Schokoladenmousse:

1. Die Eigelbe mit dem Zucker schaumig schlagen. Die weiße Schokolade über einem Wasserbad schmelzen und in die Eischaummasse einrühren.

2. Die Gelatine in kaltem Wasser einweichen, ausdrücken, in etwas warmen Wasser auflösen und zur Schokoladenmasse geben.

3. Die Sahne steif schlagen. Ein Drittel der Sahne mit der Masse verrühren und den Rest vorsichtig unterheben.

4. Die gelben Tomaten auf den Boden einer Zylinderform legen und mit der Schokoladenmousse begießen. Im Kühlschrank mindestens 4 Stunden fest werden lassen.

Anrichten:

Die fertige Mousse auf einen Teller stürzen, so dass die Tomaten oben sind. Mit etwas Minze garnieren und mit der Safransauce umgießen. Mit einem »Tomatensalat« aus den gebackenen Tomaten und den frittierten Basilikumblättern servieren.

Info:

Gelbe Tomatensorten wie Délice d'Or (Golden delight), Prune Jaune oder Yellow Brandywine überzeugen durch ihren süßen Geschmack und ihr feines Aroma. Leider sind sie auf den deutschen Märkten nur selten erhältlich.

Zutaten
Zubereitung

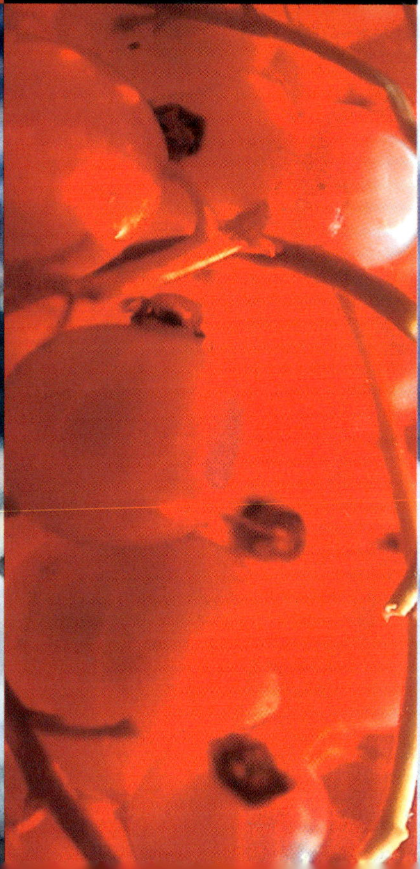
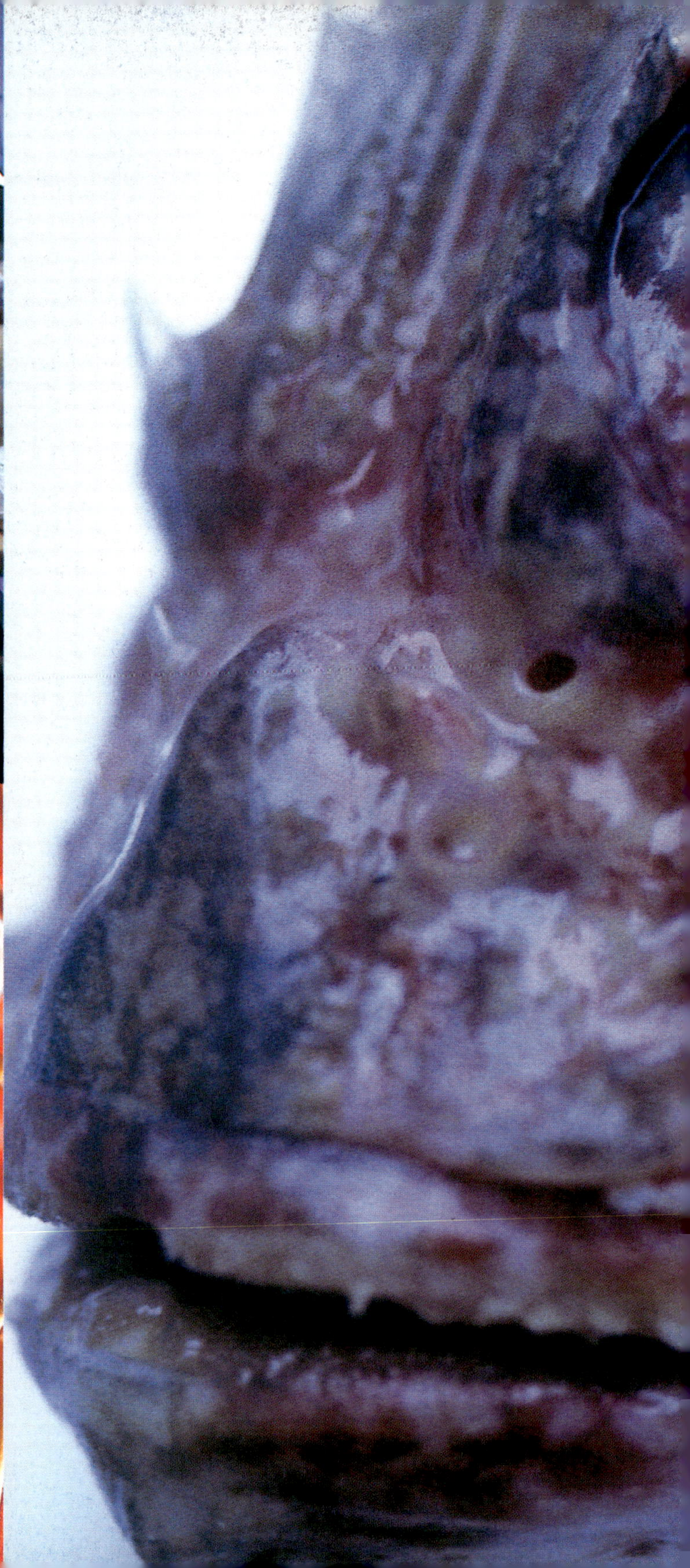

Kasper Jørgensen

elernt im Skovshoved Hotel
nd im SAS Royal, Kopenhagen

hef de parti: Nouvelle

hef de parti: Leonore Christine

hef de parti: Mark Las Olas,
ort Lauderdale, USA

hef de parti: Antica Osteria
el Teatro, Piacenza, Italien

hef de cuisine: Plaza

996 Silber in der dänischen
leisterschaft für
üchenlehrlinge

996 Silber bei den Olympischen
pielen für junge Köche

997 Gold in Diätspeisen für
öche unter 23 Jahre

999 Silber in der Nordischen
leisterschaft

urriculum Vitae

Eines der größten Nachwuchstalente ist zweifelsohne Kasper Jørgensen. Von seinem Typus her ist er ruhig, zurückhaltend, bescheiden und geht mit großem Respekt an seine Arbeit heran – bis auf den letzten Punkt also das krasse Gegenteil seiner vier Kollegen in diesem Buch. Er hat sich noch nicht so ganz an unseren rauen Küchenjargon gewöhnt und wird es vielleicht auch nie. Kasper ist handwerklich perfekt. Wenn man genau hinsieht, kann man in seinen zurückhaltenden blauen Augen mehr sehen als Bescheidenheit: Da blitzt das Selbstvertrauen heraus, das man nur haben kann, wenn man weiß, wie viel wirklich in einem steckt. Und Kasper Jørgensen weiß das. Als Teilnehmer der verschiedensten Wettbewerbe hat er gesehen, dass er auch international zur Elite von jungen Köche gehört.

Als die anderen vier einen fünften Koch wählen sollten, fiel die Wahl sofort auf Kasper Jørgensen, denn, obwohl wir ihn nicht gut kannten, haben wir die größte Achtung vor seinen zuverlässig zubereiteten, durchkomponierten Gerichten und seinem offensichtlichen Sinn für Ästhetik. Und er gilt bei uns Alten, den über 30-jährigen, als wirklich seriöser Koch und perfekter und erfahrener Handwerker im Classement eines Marco Pierre White.

Kaspar ist der good guy: Er gibt nie an und er spricht nie schlecht über andere. Er ist zwar der Jüngste, aber als Konkurrent nicht zu unterschätzen. Wir anderen verlieren zwischendurch vielleicht einmal das Wesentliche aus den Augen, wenn wir uns hinreißen lassen, das Ganze so interessant wie möglich zu gestalten – das passiert Kasper nie. Wo viele andere Köche den Drang haben, nur wild zu sein, findet Kasper immer die richtige Balance: Es soll verdammt gut schmecken und es soll gut aussehen. Er ist das Supertalent, von dem man plötzlich ständig hört. Er regt sich nie auf und er zeigt nie, dass er verärgert ist. All seine Gefühle und sein Temperament kommen auf den Teller. Wenn einer von uns eines Tages den Bocuse d`Or gewinnen sollte, dann wird es sicher er sein.

Für 4 Personen

Gebratene Kammmuscheln mit Ochsenschwanz und Topinamburpüree

Zutaten

Ochsenschwanz:

4 Fleischtomaten
2 Knoblauchzehen
1 Zweig Thymian
2 EL Olivenöl
3 kg Ochsenschwanz
1 EL Butter
3 Möhren
3 Zwiebeln
1/2 Knollensellerie
1 EL Tomatenmark
400 ml kräftiger Rotwein
2 Zimtstangen
3 Lorbeerblätter
5 schwarze Pfefferkörner
1 l brauner Fond
1 l Fischfond
Saft von 2 Orangen
Salz

Topinamburpüree:

300 g Topinambur
400 ml Hühnerfond
Salz, Pfeffer
30 g Butter

4 Schwarzwurzeln
1 l Traubenkernöl
Salz
2 Tomaten, in gehackter Petersilie gewendet

Gebratene Kammmuscheln:

12 Kammmuscheln
2 EL kaltgepresstes Olivenöl
Salz, Pfeffer

Zubereitung

Ochsenschwanz:

1. Die Tomaten an der Unterseite kreuzweise einschneiden, in kochendem Wasser kurz überbrühen, abschrecken, häuten, vierteln und entkernen. Häute und Kerne beiseite legen.

2. Die Knoblauchzehen abziehen und in Scheiben schneiden. Die Tomaten mit dem Thymian und den Knoblauchscheiben in eine Auflaufform geben, mit Olivenöl beträufeln und 3 Stunden bei 100 °C im Ofen backen.

3. Den Ochsenschwanz in Stücke zerteilen und in der Butter anbräunen. Nach 10 Minuten das geputzte und grob geschnittenen Gemüse sowie Haut und Kerne der Tomaten zugeben und mitbraten.

4. Das Tomatenmark einrühren, mit dem Rotwein ablöschen und Zimt, Lorbeer und Pfefferkörner hinzufügen. Die Flüssigkeit auf die Hälfte einkochen.

5. Mit braunem Fond, Fischfond und Orangensaft aufgießen, mit Salz würzen und zugedeckt 3 Stunden schmoren.

6. Das Fleisch herausnehmen und von Knochen, Fett und Knorpeln befreien. Die Sauce durch ein Sieb gießen und sämig einkochen. Das Fleisch vor dem Anrichten in der Sauce erwärmen.

Topinamburpüree:

1. Topinambur schälen und im Hühnerfond weich kochen. Abtropfen lassen und zusammen mit den Tomatenvierteln durch eine Kartoffelpresse drücken und mit Salz, Pfeffer und etwas Butter würzen.

2. Die Schwarzwurzeln mit einem Sparschäler in feine Streifen hobeln. Das Traubenkernöl auf 170 °C erhitzen und die Schwarzwurzeln darin goldgelb frittieren. Auf Küchenpapier abtropfen lassen und mit Salz würzen. Die Tomaten klein würfeln und in der gehackten Petersilie wenden.

Gebratene Kammmuscheln:

Die Kammmuscheln im heißen Olivenöl auf beiden Seiten jeweils 2 Minuten braten und mit Salz und Pfeffer würzen.

Anrichten:

Das warme Topinamburpüree in Zylinderform in der Mitte von vier Tellern anrichten und die Tomatenwürfel darauf verteilen. Mit den Schwarzwurzelstreifen garnieren. Die Kammmuscheln und das Ochsenfleisch darum herum platzieren und die Sauce angießen.

Tipp:

Da hier Fisch unmd Fleisch kombiniert werden, sollte die Sauce nicht zu kräftig und dick sein.

Für 4 Personen

Lachsforellen-Medaillons

mit Artischocken-Kartoffel-Frikassee

und Spinat-Ziegenkäse-Ravioli

Zutaten

Forelle:

4 EL Olivenöl
1/2 TL Dillspitzen
Salz, Pfeffer
500 g Lachsforellenfilet

Artischocken-frikassee:

2 Zwiebeln
2 Möhren
weißer Pfeffer
einige Korianderkörner
400 ml Weißwein
100 g Butter
4 Artischocken
Salz
4 Lorbeerblätter
1/2 Zitrone
100 g gekochte Frühkartoffeln
1 Stängel Basilikum
Pfeffer

Ravioli:

1 Portion Pastateig (siehe folgendes Rezept)
300 g Spinat
100 g Ziegenkäse
Saft von 1 Limette
Salz, Pfeffer
1 Eigelb

Außerdem:

2 Kästchen Brunnenkresse
2 Stängel Dill
50 ml Zitronenöl
2 EL Weißweinessig

Zubereitung

Forelle:

1. Öl, Salz, Pfeffer und Dill verrühren. Die Forellenfilets von den restlichen Gräten befreien. In 12 Quadrate schneiden, im Öl wenden, in Alufolie wickeln und im Kühlschrank mindestens 1 Stunde marinieren.

2. Den Backofen auf 180 °C (Gas Stufe 2–3, Umluft 160 °C) vorheizen. Unmittelbar vor dem Servieren die Forellen in der Folie im heißen Ofen 8 Minuten backen.

Frikassee:

1. Zwiebeln und Möhren schälen, mit Pfeffer und Koriander im Weißwein auf 100 Milliliter einkochen; die Butter einrühren. Mit den Quirlen des Handrührgeräts kurz aufschlagen. An einen warmen Ort stellen, so dass die Sauce nicht fest wird.

2. Von den Artischocken das obere Drittel abschneiden und die äußeren harten Blätter entfernen. Zusammen mit dem Lorbeer und der Zitrone ca. 20 Minuten im Salzwasser kochen. Herausnehmen und abkühlen lassen. Noch harte Blätter und das Heu vom Boden entfernen. Die Artischocken vierteln. Darauf achten, dass nur genießbare Blätter verwendet werden.

3. Unmittelbar vor dem Servieren die Sauce mit Artischockenstückchen, den gekochten Frühkartoffeln und dem fein geschnittenen Basilikum aufwärmen und mit Salz und Pfeffer abschmecken.

Ravioli:

1. Den Pastateig mit Hilfe einer Nudelmaschine dünn ausrollen.

2. Den Spinat waschen, putzen, blanchieren, abschrecken, hacken und mit den restlichen Zutaten vermischen.

3. Die Spinatfüllung zu Kugeln formen, auf den Pastateig verteilt auslegen und runde Ravioli mit einem Durchmesser von ca. 7 cm herstellen. In reichlich Wasser al dente kochen.

Anrichten:

1. Die Brunnenkresse abschneiden und mit dem gerupften Dill, Öl und Essig vermischen.

2. Das Gemüsefrikassee auf vier Tellern verteilen, mit Forellenmedaillons, Ravioli und abschließen mit der Brunnenkresse belegen.

Tipp:

Es ist wichtig, dass die Sauce dick und nicht zu fett wird. Das kann eventuell mit etwas Zitronensaft geregelt werden. Die Brunnenkresse erst direkt vor dem Anrichten mit Essig und Öl vermischen.

Für 6 Personen

Gebratener Schellfisch

mit Trenetten und Miesmuscheln in Morchelsauce

Zutaten

Pasta:

250 g Mehl sowie Mehl zum Bestäuben
5 Eigelbe
1 Ei
2 EL Olivenöl

Tapenade:

200 g schwarze Oliven
2 Knoblauchzehen
30 g Kapern
1 Zweig Thymian
100 ml kaltgepresstes Olivenöl
50 ml Cognac

Miesmuscheln:

1 kg Miesmuscheln
1 Zwiebel
1 Möhre
1/2 Fenchel
gemischte Kräuter

Morchelsauce:

50 g getrocknete Morcheln
100 g Pfifferlinge
2 Schalotten
2 EL Olivenöl
Saft von 1 Zitrone
200 ml Hühnerfond
500 g Sahne
1 Staude Löwenzahn
Salz, Pfeffer

Pesto:

2 Bund Rucolasalat
30 g Parmesan
30 g Pinienkerne
50 ml kaltgepresstes Olivenöl
Salz, Pfeffer

Schellfisch:

1–2 Schellfischfilets
2 EL Pflanzenöl

Zubereitung

Pasta:

1. Mehl, Eigelbe, Ei und Öl zu einem festen, glatten Teig verkneten. 2 Stunden ruhen lassen.

2. Den Teig erst mit einem Nudelholz ausrollen, danach durch die Nudelmaschine drehen. In dünne Streifen schneiden und mit etwas Mehl bestäuben, damit sie nicht zusammenkleben. In reichlich Wasser al dente kochen.

Tapenade:

Die Oliven entsteinen, die Knoblauchzehen abziehen. Zusammen mit den Kapern und dem Thymian fein hacken. Mit den restlichen Zutaten zu einer Masse von sämiger Konsistent verrühren.

Miesmuscheln:

1. Die Miesmuscheln gründlich abspülen, dabei die Bärte entfernen.

2. Gemüse und Kräuter grob hacken. In einem Topf mit Wasser bedeckt bei schwacher Hitze aufkochen.

3. Wenn sich die Muscheln geöffnet haben, herausnehmen und die Flüssigkeit mit dem Gemüse auf 100 Milliliter einkochen. Das Muschelfleisch aus den Schalen herauslösen.

Morchelsauce:

1. Die Morcheln in Wasser einweichen. Die Pfifferlinge putzen. Die Schalotten abziehen, hacken und im Olivenöl andünsten. Morcheln und Pfifferlinge mitbraten, bis die Schalotten glasig sind. Mit dem Zitronensaft ablöschen und die Flüssigkeit verdampfen lassen.

2. Muschel-Kochsud und Hühnerfond aufgießen und auf ein Drittel einreduzieren. Die Sahne zugeben und zu einer cremigen Sauce einkochen. Den klein geschnittenen Löwenzahn unter die Sauce heben. Mit Salz und Pfeffer würzen.

Pesto:

Rucola klein schneiden und mit den restlichen Zutaten zu einer Paste pürieren.

Schellfisch:

Die Filets von restlichen Gräten befreien und im heißen Öl auf der Hautseite braten.

Anrichten:

Die fertige Pasta und die Muscheln in der Morchelsauce wenden. Die Pasta mit einer Fleischgabel aufwickeln und in die Mitte eines ovalen Tellers legen. Den Schellfisch auf die Pasta legen und mit Tapenade bestreichen. Mit Pesto garniert servieren.

Für 4 Personen

Ballotine von Huhn und Kaisergranat mit Ratatouille

Ballotine:

2 Hähnchen
75 g Butter
Salz, Pfeffer
1/2 kg Kaisergranat
3 Eiweiße
200 g Sahne
1/2 Bund Basilikum
2 Zwiebeln
2 Möhren
5 reife Tomaten
1/2 Knoblauchzehe
300 ml kräftiger Weißwein
2 Zweige Thymian
1 Lorbeerblatt
3 Sternanis
Koriander

Ratatouille:

2 Auberginen
2 Zucchini
2 rote Paprika
12 Kirschtomaten
100 ml kaltgepresstes Olivenöl
Salz, Pfeffer
1 Bund Basilikum
abgeriebene Schale von 1 Zitrone

Gebratener Knoblauch:

16 Knoblauchzehen
200 g Gänsefett
grüner Pfeffer
1 Zweig Thymian

Krosse Kartoffeln:

4 Kartoffeln
100 g Butter

Zutaten

Ballotine (Gefüllte Hühnerkeulen):

1. Das Geflügel gründlich waschen. Die Keulen abtrennen und ausbeinen. Die Bruststücke auslösen, 2 Brustfilets beiseite legen.

2. Das restliche Fleisch mit samt Knochen und Karkassen zu einem Fond verkochen, durch ein Sieb gießen und zu einer Sauce einkochen. 1 Esslöffel Butter einrühren und mit Salz und Pfeffer würzen.

3. Das Hummerfleisch aus den Schalen lösen und grob hacken. Mit den zurückbehaltenen Brustfilets pürieren. Nacheinander – in dieser Reihenfolge – Salz, Pfeffer, Eiweiß, Sahne und Basilikum zugeben und zu einer feinen Farce verarbeiten. 1 Stunde im Kühlschrank ruhen lassen.

4. Den Backofen auf 180 °C (Gas Stufe 2–3, Umluft 160 °C) vorheizen. Die Keulen mit der Farce füllen und verschnüren. Mit zerlassener Butter bestreichen und hellbraun anbraten. Das geputzte, klein geschnittene Gemüse mitbraten. Mit dem Weißwein ablöschen, Kräuter und Gewürze zugeben und zugedeckt 35 Minuten braten.

6. Unmittelbar vor dem Servieren die Keulen herausnehmen, in einer Pfanne braten, bis die Haut knusprig ist, und die Sauce mit dem Bratfond aufschlagen.

Ratatouille:

1. Auberginen, Zucchini, Paprika und Tomaten mit Öl bestreichen, salzen und pfeffern. Bei 150 °C (Gas Stufe 1, Umluft 140 °C) 15 Minuten backen, bis die Haut abgezogen werden kann. Die Tomaten erst 5 Minuten vor Ende der Garzeit zugeben.

2. Alles in passende Stücke schneiden. Vor dem Servieren nochmals erwärmen und das Basilikum unterheben. Mit Salz, Pfeffer und Zitronenschale abschmecken.

Gebratener Knoblauch:

Die Knoblauchzehen im Ofen mit Gänsefett, grünem Pfeffer und Thymian braten, bis sie gar sind. Die Wurzelenden abschneiden, die Zehen aber nicht schälen.

Krosse Kartoffeln:

Die Kartoffeln schälen, in dünne Scheiben schneiden und auf gebuttertem Backpapier auslegen. Mit Butter bestreichen und bei 100 °C im Ofen backen, bis sie knusprig und goldbraun sind.

Anrichten:

Das Ratatouille in der Mitte von vier Tellern anrichten, mit Kartoffeln belegen und die Hähnchenkeulen darauf setzen. Die Sauce umgießen und mit den Knoblauchzehen garnieren.

Zubereitung

Für 4 Personen

Nordseedorsch
mit Blumenkohlpüree, Fenchelsalat
und Sauce alubufera

Zutaten

Fenchelsalat:
1 Fenchelknolle
Salz
50 ml kaltgepresstes Olivenöl
Saft von 1 Limette

Sauce alubufera:
2 Möhren
3 Zwiebeln
1/2 Knollensellerie
1 Knoblauch
Fenchelreste vom Salat
50 g Butter
100 ml alter Balsamico
300 ml Rotwein
3 Lorbeerblätter
4 Sternanis
1 TL schwarzer Pfeffer
1 Zweig Thymian
300 ml roter Portwein
500 ml brauner Fond
500 ml Fischfond
100 g Entenleber
evtl. 30 g Butter

Dorsch:
800 g Dorsch
1 EL schwarze Pfefferkörner
1 Zweig Rosmarin
50 g Butter
1 Stängel Salbei
Salz

Blumenkohlpüree:
1 Blumenkohl
Salz
500 g Sahne
1/2 Bund krause Petersilie
2 EL Hühnerfond
100 g Mandelsplitter
Pfeffer

8 Möhren
2 Schalotten
1 TL Kümmel
100 ml Weißwein
50 g Butter

Zubereitung

Fenchelsalat:
Den Fenchel putzen, sehr fein schneiden, eventuell mit einem Käsehobel, mit Salz, Öl und Limettensaft vermischen und 1 Stunde ruhen lassen.

Sauce alubufera:
1. Das Gemüse putzen, in grobe Stücke schneiden und in der heißen Butter hellbraun anbraten. Mit Balsamicoessig ablöschen und mit dem Rotwein aufgießen.
2. Die Flüssigkeit verdampfen lassen, Gewürze und Thymian zugeben, mit 3/4 des Portweins aufgießen und auf die Hälfte reduzieren. Die beiden Fonds zugeben und auf die gewünschte Konsistenz einkochen.
3. Die Leber grob schneiden und 2 Minuten braten. Den restlichen Portwein zugeben. Dann die Leber in die Sauce geben, nochmals aufkochen und durch ein Sieb gießen. Die Sauce salzen und pfeffern und, falls zu kräftig, mit etwas Butter verfeinern.

Dorsch:
1. Den Dorsch entgräten und in 4 Teile schneiden. Den Pfeffer zerstoßen und den Rosmarin fein hacken.
2. Die Butter unter Zugabe des Salbeis klären. Den Dorsch mit Pfeffer, Rosmarin, Salz und etwas Salbeibutter bestreichen und in den Kühlschrank stellen.
3. Den Dorsch kurz vor dem Servieren ca. 3 Minuten auf jeder Seite in der Salbeibutter braten.

Blumenkohlpüree:
1. Den Blumenkohl putzen und zerteilen. Einige kleine Röschen beiseite legen. Den restlichen Blumenkohl mit Salzwasser bedeckt weich garen, dann das Wasser abgießen. Die Sahne zugießen, etwas einkochen lassen und dann alles pürieren.
2. Die Petersilie kurz blanchieren und mit dem Hühnerfond pürieren. Die Mandelsplitter in einer Pfanne goldbraun rösten, mit der Petersilie vermischen und unter das Blumenkohlpüree heben. Mit Salz und Pfeffer würzen.
3. Die Möhren schälen, in Julienne schneiden und blanchieren. Die Schalotten abziehen, fein hacken und mit Kümmel und Weißwein aufkochen. Wenn die Flüssigkeit verdampft ist, die Butter zugeben und die Möhren darin wenden.

Anrichten:
Die Dorschstücke in der Mitte von vier Tellern auf das Püree legen. Darauf die glasierten Möhren und den Fenchelsalat anrichten. Mit der Sauce garnieren.

Für 6 Personen

Drei Variationen vom Lamm
mit Auberginentartar

Rücken:
1/2 Lammrücken
1/2 Bund Basilikum
20 g Pinienkerne
2 Knoblauchzehen
50 ml Olivenöl
Salz, Pfeffer

Brust:
1 Lammbrust
20 g Butter
2 Zwiebeln
2 Möhren
2 Stangen Staudensellerie
700 ml Portwein
500 ml brauner Fond
2 Zweige Thymian

Sauce:
6 Schalotten
2 Pastinaken
1 Bund Thymian
100 g Butter
500 ml Barolo
Fond von der Lammbrust
5 reife Tomaten

Bries:
500 g Lammbries
1 Zwiebel
2 Möhren
1 Stängel krause Petersilie
1 Stange Porree
50 ml Weißweinessig
3 Eigelbe
300 g Sahne
1 EL gehackter Schnittlauch
1/2 Trüffel
1 Paket Blätterteig
Pflanzenöl

Polenta:
300 ml Hühnerfond
100 ml kaltgepresstes Olivenöl
150 g Polenta
1 Stängel gehackter Koriandergrün

Auberginentartar:
1 Zweig Rosmarin
130 ml kaltgepresstes Olivenöl
Saft von 1 Zitrone
2 Auberginen
1 Schalotte
1 Knoblauchzehe
50 g Pecannüsse

Rücken:

1. Die oberste Fettschicht des Rückens vom Fleisch lösen, aber nicht abtrennen; die Sehnen entfernen. Den Rücken längs halbieren, die Rippenknochen freischaben.

2. Aus Basilikum, Pinienkerne, Knoblauch und Öl ein Pesto pürieren und zwischen die abgelöste Fettschicht und das Fleisch streichen. Mit Küchengarn zusammenbinden, mit Salz und Pfeffer würzen. In Olivenöl 13 bis 16 Minuten braten. In Koteletts zerteilen, auf dem Auberginentartar anrichten.

Brust und Sauce:

1. Den Backofen auf 180 °C (Gas Stufe 2–3, Umluft 160 °C) vorheizen. Die Lammbrust einritzen, in der Butter anbraten und warm stellen. Das klein geschnittene Gemüse und das Rippenfleisch in der Butter anbräunen. Mit Portwein ablöschen.

2. Fond, Thymian, Salz, Pfeffer und den Lammrücken zugeben und zugedeckt 2 Stunden im heißen Ofen schmoren.

3. Schalotten und Pastinaken putzen und klein schneiden. Mit dem Thymian in 50 Gramm Butter anbraten. Mit dem Barolo ablöschen und einreduzieren lassen.

4. Den Fond von der Lammbrust abgießen und mit den Tomaten zur Sauce geben. Die Sauce einkochen und mit Salz und Pfeffer würzen. Die restlichen Butter einrühren.

5. Die Sauce auf die Teller gießen. Die Lammbruststücke auf der Polenta anrichten.

Bries:

1. Das Bries in 1 Liter Salzwasser aufkochen und abschrecken.

2. Zwiebel, Möhren, Petersilie und Porree putzen und grob hacken. Mit dem Bries mit Essigwasser bedeckt weich kochen. Herausnehmen und die Flüssigkeit zu einer Brühe einkochen. Etwas abkühlen lassen.

3. Eigelbe und Sahne verquirlen, 200 Milliliter Brühe zugeben. Unter Rühren erwärmen. Schnittlauch und die Trüffel zufügen und mit Salz und Pfeffer würzen.

4. Den Blätterteig mit Öl bestreichen und Kreise von 13 cm ∅ ausstechen. Zu Kelchen formen, diese bei 150 °C goldbraun backen.

5. Das Bries zerteilen, in der Sauce wenden und in die Blätterteigkelche füllen.

Polenta und Auberginentartar:

1. Hühnerfond mit 2 Esslöffeln Öl aufkochen. Die Polenta glatt einrühren, bis sich am Topfboden eine Kruste bildet. Mit Koriander, Salz, Pfeffer abschmecken. Dann in einer gefetteten Form 2 Stunden ruhen lassen; aus der Form stürzen, Kreise ausstechen und im restlichen Öl knusprig braten.

2. Rosmarin hacken, mit 100 Milliliter Öl und Zitronensaft vermischen. Die Auberginen schälen, im Rosmarinöl wenden 15 Minuten im 180 °C heißen Ofen backen. Schalotte und Knoblauchzehe abziehen und mit den Nüssen hacken, im restlichen Öl andünsten. Die klein geschnittenen Auberginen kurz mitbraten. Mit Salz und Pfeffer würzen.

Für 4 Personen

Kalbslende

auf glasierten Perlzwiebeln

mit Brunnenkresse-Couscous und gebackenem Mark

Portweinsauce:
4 Schalotten
3 Knoblauchzehen
4 Möhren
30 g Butter
2 Estragonzweige
375 ml Rotwein
300 ml roter Portwein
1 l brauner Fond
100 g kalte Butter
Salz, Pfeffer

Perlzwiebeln:
50 g Zucker
50 ml Balsamico
50 ml Rotwein
35 kleine Perlzwiebeln
1 Stängel Estragon

Mark:
50 ml Essig
1 Zwiebel
1 Möhre
Salz, Pfeffer
8 Stücke Mark
250 g Mehl
1 Eigelb
50 ml Pflanzenöl
150 ml Bier
Salz
2 Eiweiße
1 l Traubenkernöl zum Frittieren
2 Stangen Porree

Brunnenkresse-Couscous:
3 Kästchen Brunnenkresse
50 ml kaltgepresstes Olivenöl
Salz
180 g Couscous

Kalbslende:
4 Kalbslenden à 200 g
100 g Butter
1 Zweig Thymian
Salz, Pfeffer

Garnitur:
4 Schwarzwurzeln
300 ml Milch
Saft von 1/2 Zitrone
50 ml Olivenöl

Portweinsauce:

1. Schalotten, Knoblauch und Möhren schälen, grob schneiden und in der Butter unter ständigem Rühren goldbraun andünsten. Estragonzweige und Rotwein zugeben, die Flüssigkeit fast verdampfen lassen, den Portwein angießen und auf die Hälfte reduzieren. Den Fond zugeben und zur gewünschten Konsistenz einkochen.

2. Die Sauce durch ein feines Sieb gießen. Unmittelbar vor dem Anrichten nach und nach die kalte Butter einrühren und mit Salz und Pfeffer würzen.

Perlzwiebeln:

1. 50 Milliliter Wasser mit Zucker, Balsamico und Rotwein zu einer etwas dickflüssigeren Sirup einkochen.

2. Die Perlzwiebeln abziehen und knapp mit kalten Wasser bedeckt aufkochen. Herausnehmen und mit den Estragonblättern im Sirup wenden.

Mark:

1. 400 Milliliter Wasser, Essig, abgezogenen Zwiebel, Möhre, Salz und Pfeffer ca. 5 Minuten kochen.

2. Das Mark zugeben, nur kurz aufkochen und 5 Minuten bei schwacher Hitze ziehen lassen. Herausnehmen und auf Küchenpapier abtropfen lassen.

3. Mehl, Eigelb, Öl, Bier, Salz und 200 Milliliter Wasser zu einem glatten Teig verrühren; 1 Stunde im Kühlschrank ruhen lassen.

4. Die Eiweiße steif schlagen und nach und nach unter den Teig heben.

5. Das Traubenkernöl auf 180 °C erhitzen. Die Markstücke im Teig wenden und im heißen Öl goldbraun ausbacken. Auf Küchenpapier abtropfen lassen.

6. Den Porree in feine Streifen schneiden, im heißen Öl 1 Minuten frittieren und auf Küchenpapier abtropfen lassen.

Brunnenkresse-Couscous:

1. Die Brunnenkresse abschneiden, hacken und mit dem Olivenöl verrühren.

2. 180 Milliliter Wasser mit etwas Salz aufkochen, über das Couscous gießen und kurz quellen lassen. Die Brunnenkresse unterheben. Zugedeckt an einem warmen Ort ziehen lassen.

Kalbslende:

Das Fleisch in der heißen Thymianbutter 10 bis 12 Minuten auf beiden Seiten braten. Mit Salz und Pfeffer würzen.

Die Schwarzwurzeln in Milch und Zitronensaft weich kochen; dann im heißen Öl goldgelb braten. Sämtliche Zutaten anrichten und sofort servieren.

Für 6 Personen

Schokoladenfächer und Ananaskörbchen mit Ricottasorbet

Zutaten

Nougatcreme:

Saft von 3 Orangen
30 g Zucker
200 ml italienischer Dessertwein
200 g weiße Schokolade
100 g Nougat
200 g Crème fraîche, 38 %
100 g Sahne
Mark von 1 Vanilleschote

Ananaskorb:

1 Ananas

Schokolade:

150 g weiße Schokolade
450 g dunkle Schokolade

Ricotta-Sorbet:

225 g Ricotta
300 ml Zuckersirup (600 g Zucker auf 1 l Wasser)
Saft von 2 Limetten

Kaffe-Zimt-Sirup:

1 Vanilleschote
1 EL Kaffeebohnen
1 Zimtstange
200 g Zucker
200 ml Orangensaft

Zwetschgentartar:

12 Zwetschgen
1 Zweig Estragon
30 g Rohrzucker
100 ml Marc de Bourgogne

Garnitur:

1/2 Ananas
3 Äpfel

Zubereitung

Nougatcreme:

1. Orangensaft, Zucker und Dessertwein zu Sirup einkochen, dann abkühlen lassen.
2. Schokolade und Nougat getrennt über einem Wasserbad schmelzen.
3. Crème fraîche, Sahne und Vanillemark vermischen. Schokolade und Nougat unterheben und den Sirup einrühren. 3 Stunden im Kühlschrank fest werden lassen.

Ananaskorb:

1. Die geschälte Ananas in dünne Scheiben schneiden und 3 Stunden in einem 100 °C warmen Ofen trocknen lassen.
2. Die Scheiben in Eierbecher oder Ähnliches drücken, damit sie die Form kleiner Körbe erhalten.

Schokoladenmarmor:

1. Die beiden Schokoladensorten getrennt über einem Wasserbad schmelzen.
2. Die weiße Schokolade mit einem Pinsel dünn auf eine glatte Oberfläche streichen und fest werden lassen. Danach die dunkle Schokolade darauf streichen. Ca. 15 Minuten im Kühlschrank abkühlen lassen.
3. Den Schokoladenmarmor mit einem warmen Messer in Platten von 5 x 10 cm Größe schneiden.

Ricottasorbet:

Ricotta mit Zuckersirup und Limettensaft vermischen. In einer Eismaschine oder im Gefrierfach fest werden lassen, bis es die gewünschte Konsistenz erreicht hat.

Kaffee-Zimt-Sirup:

Die Vanilleschote aufschneiden und das Mark herauskratzen. Alles samt 200 Milliliter Wasser in einem Topf zu einer Sauce einkochen. Durch ein Sieb gießen.

Zwetschgentartar und Garnitur:

1. Die entsteinten Zwetschgen grob zerkleinern. Die Estragonblätter hacken und mit Zucker und Marc de Bourgogne verrühren. Die Zwetschgen darin wenden und in einem Sieb 1 Stunde ziehen lassen.
2. Ananas und Äpfel in dünne Scheiben schneiden und bei 100 °C 4 Stunden im Ofen trocknen.

Anrichten:

Jeweils 1 Teelöffel der Nougatmasse auf ein Schokoladenplattenende häufen. Die Platten zu kleinen Fächern zusammensetzen, die Kaffeesauce umträufeln. Die getrockneten Ananas- und Apfelscheiben daneben aufeinander legen und die Ananaskörbe mit den Zwetschgen und 1 Kugel Ricottasorbet gefüllt darauf stellen.

Für 12 Personen

Pfannkuchen-Schokoladen-Millefeuille
mit gegrillter Ananas und Birnen-Holunderblüten-Sorbet

Schokoladentrüffel:
200 g Zartbitter-schokolade
300 g Vollmilch-schokolade
400 g weiße Schokolade
1,5 kg Sahne

Pfannkuchen:
8 Eier
125 g Zucker
150 g Mehl
Mark von 1 Vanille-schote
abgeriebene Schale von 1 Zitrone
abgeriebene Schale von 1 Orange
200 g Butter
750 ml Milch

Ananas:
2 Ananas
300 g Zucker
4 Sternanis
200 ml Pernod

Birnen-Holunder-blüten-Sorbet:
5 reife Birnen
250 g Zucker
375 ml Holunder-blütensaft

Kaffeekaramell:
250 g weiße Schokolade
40 g Butter
1/2 EL Nescafépulver
50 ml Milch

Crème anglaise:
4 Eigelbe
Mark von 1/2 Vanille-stange
50 g Zucker
250 g Sahne

Schokoladentrüffel:

1. Die Schokoladensorten grob hacken und jeweils in 500 Gramm erhitzter Sahne auflösen. Im Kühlschrank abkühlen lassen.
2. Die Schokoladencremes mit den Quirlen des Handrührgeräts auf der niedrigsten Stufe steif schlagen.

Pfannkuchen:

1. Eier, Zucker, Mehl, Vanillemark, Zitronen- und Orangenschale vermischen. Die Butter zerlassen und unterheben. Etwas ruhen lassen.
2. Die Milch einarbeiten, so dass ein glatter Teig entsteht. Erneut ruhen lassen. Dann dünne Pfannkuchen backen.

Gegrillte Ananas:

1. Die Ananas schälen, vierteln und in einer geriffelten Grillpfanne auf beiden Seiten braten. In Portionsstücke schneiden.
2. 300 Milliliter Wasser mit Zucker, Anis und Pernod aufkochen, vom Herd nehmen, die Ananasstücke darin marinieren.

Birnen-Holunderblüten-Sorbet:

1. Die Birnen schälen, vierteln und vom Kerngehäuse befreien.
2. 200 Milliliter Wasser mit Zucker und Holunderblütensaft aufkochen. Die Birnen darin bei schwacher Hitze 1 Stunde garen.
3. Durch ein Sieb streichen. In einer Eismaschine oder im Gefrierfach unter gelegentlichem Rühren fest werden lassen.

Kaffeekaramell:

Schokolade und Butter schmelzen, Nescafé in der Milch bei schwacher Hitze auflösen und beides zusammengießen. Abkühlen lassen, bis die Masse fest wird.

Crème anglaise:

Sämtliche Zutaten über einem Wasserbad aufschlagen, bis eine cremige Masse entsteht. Mindestens 6 Stunden abkühlen lassen.

Millefeuile:

In eine Kuchenform 1 Pfannkuchen legen, mit der dunkle Schokoladencreme bestreichen, mit 1 Pfannkuchen bedecken; diesen Vorgang wiederholen, bis jeweils 3 bis 4 Schichten mit den einzelnen Schokoladencremes entstanden sind. Das Millefeuille 1/2 Tag in den Kühlschrank stellen.

Anrichten:

Den Kuchen mit einem warmen Messer in 12 Stücke schneiden. Auf einen Teller legen und obenauf 1 Kugel Kaffeekaramell setzen. Je 3 Stücke Ananas daneben setzen und darauf 1 Kugel Sorbet setzen; den Teller mit der Creme garnieren.

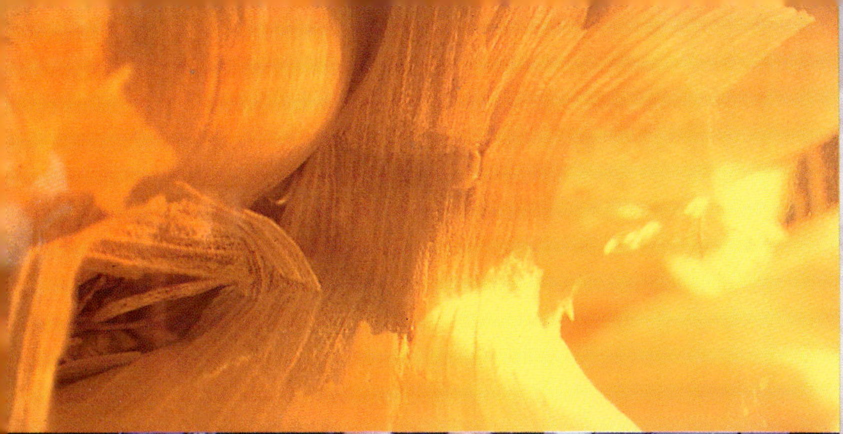

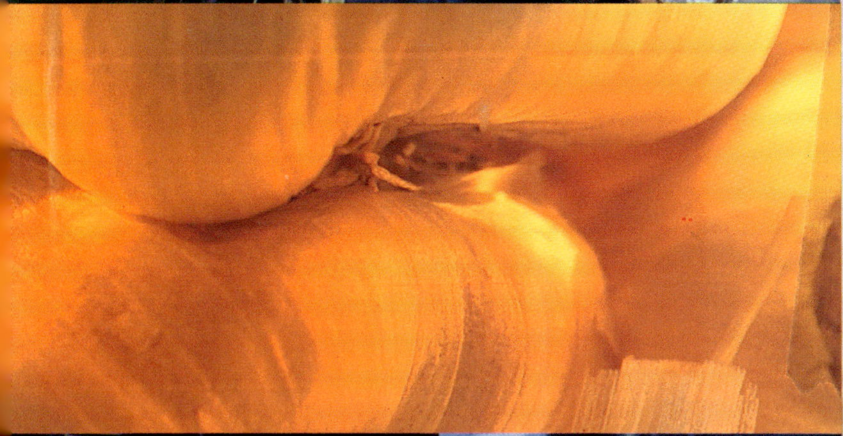

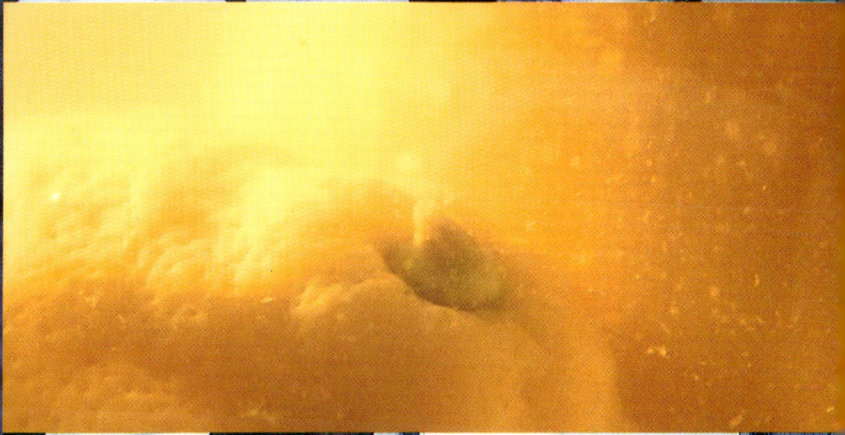

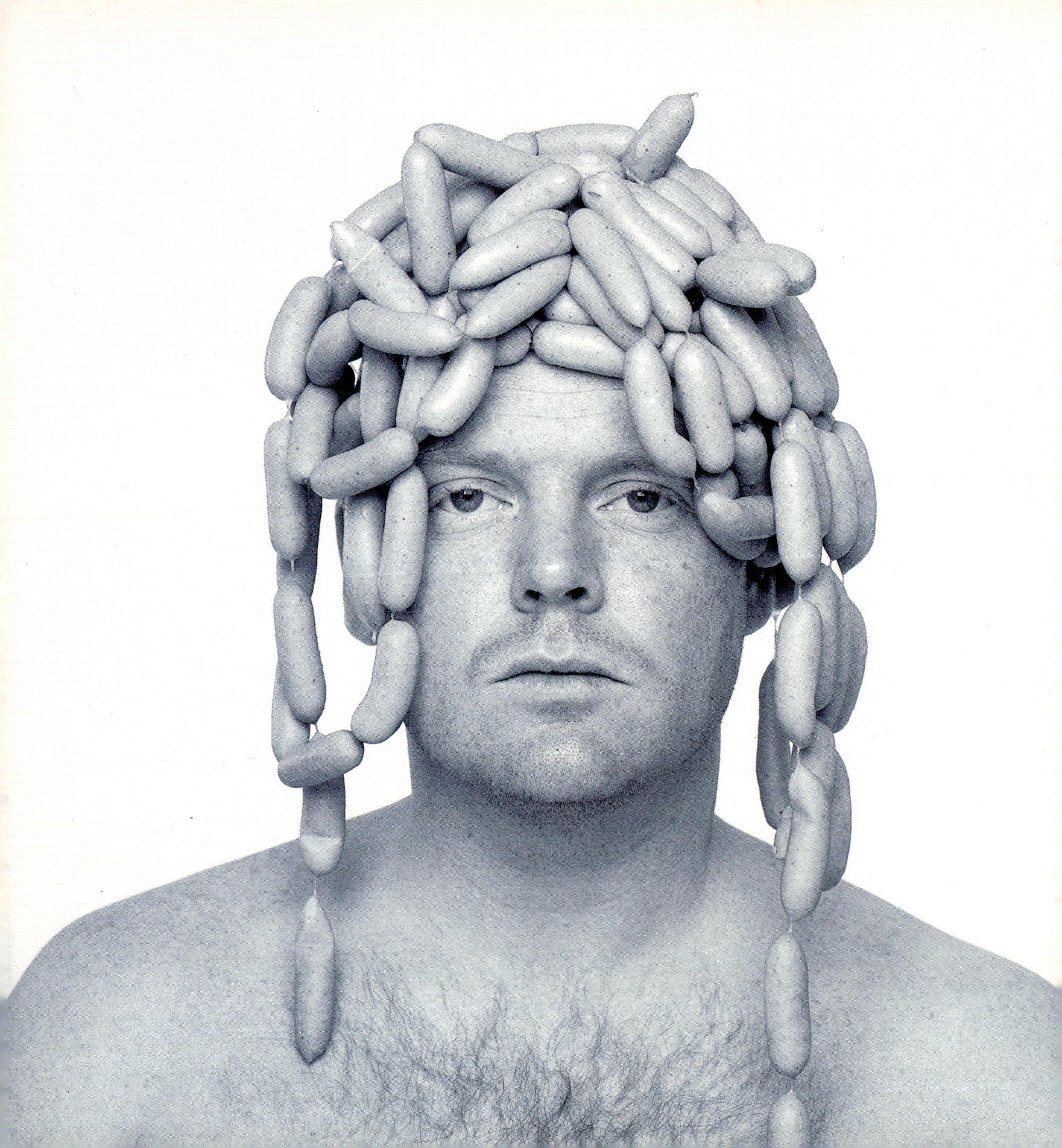

Per Thøstesen

elernt im Hotel Kong Frederik, Kopenhagen

ouschef: Hotel Scandic, Kopenhagen

ouschef: Hotel Kong Frederik, Kopenhagen

hef de parti: Leonore Chri-stine, Nyhavn, Kopenhagen

hef de parti: L´Arc en Ciel, yon, Frankreich

hef de parti: Paul Bocuse, yon, Frankreich

ouschef: Le Nord, Lyon, rankreich

hef de cuisine: Hotel Krizia, aribik

hef de cuisne: Restaurant astronomique, Kopenhagen

hef de cuisine: Flasken & Glas-et, Kopenhagen

hef de cuisine: Damai Lovina illas, Bali

erfasser von »Eine kulinari-che Reise nach Bali« ugustus Verlag)

Curriculum Vitae

Per Thøstesen strahlt eine ungeheure Energie aus. Aber er ist auch Meister darin, einen gemütlichen Atmosphäre um sich herum zu schaffen. Er blüht auf, wenn alles um ihn herum lärmt, solange er es beherrschen kann – und in aller Regel kann er das. Er hat das Feld von hinten aufgerollt: Als Proletarierjunge ist er es gewohnt, den Stier bei den Hörnern zu packen. So zog er nach Frankreich und ist nach wie vor der einzige Nicht-französische Koch, der bei Bocuse chef de partie war. Er ist einer der dänischen Köche, die weltweit den größten Respekt und internationale Anerkennung genießen: Er ist es, der zu den großen ausländischen Wettbewerben eingeladen wird. Nicht viele gleichaltrige dänische Köche, wenn überhaupt einer, können seinen Werdegang aufweisen.

Er kommt polternd herein und strahlt reine Lebensfreude aus. Er redet, lacht, grinst und trinkt unaufhörlich und manchmal muss man ihn einfach bitten, einmal ruhig zu sein. Er ist in richtiger Terrier. Man sollte ihn nicht anrufen, wenn man nicht mindestens eine halbe Stunde Zeit hat um sich anzuhören, mit welchen 28 Fernsehkanälen er seit dem letzten Gespräch in Kontakt war.

Per ist aber außerdem ein gottbegnadeter Koch und Arbeiter, der zupackt und jedem in den Hintern tritt, der das nicht tut. Es ist unmöglich, ihn in die Knie zu zwingen; man weiß, dass man immer in seinem Schatten steht. Sein wohl größtes Talent sind seine ungewöhnlichen Geschmacksnerven. So kann er den Jahrgang eines Weines aus einer Sauce präzise herausschmecken. Und schließlich besitzt er eine weitere Eigenschaft, die nicht alle Köche haben: Geduld. Er hat von Grund auf eine ganze Küchenbrigade Balineser ausgebildet, damit sie dem internationalen Standard gewachsen sind. Sein Buch über die balinesische Küche ist dabei, ein großer Erfolg zu werden.

Für 10 Personen

Terrine von Ente und Gänseleber mit Apfellikör-Gelee

Gelee:

6 Blatt Gelatine
350 ml Apfellikör »Pommeau de Normandie«
200 ml kräftiger Hühnerfond
Salz, Pfeffer

Pfannkuchenteig:

60 g Mehl
1 TL Salz
1 TL Zucker
100 g zerlassene Butter
2 Eier
500 ml Milch
Pflanzenöl zum Ausbacken

Ente und Gänseleber:

1 Ente
2 EL Pflanzenöl
700 ml Rotwein
1 l Hühnerfond
100 g Pistazien
700 g Gänseleber
1 Spritzer Cognac
1 Spritzer Portwein
1 Spritzer Calvados
Salz, Pfeffer
1 TL Muskatnuss
2 TL Zucker
1 Msp. Zimt

Gelee:

1. Die Gelatine in kaltem Wasser einweichen, ausdrücken und mit etwas Likör über einem Wasserbad auflösen.

2. Den Hühnerfond und Likör aufkochen, mit Salz und Pfeffer würzen und die aufgelöste Gelatine zugeben. Durch ein Tuch passieren und mindestens 4 Stunden in den Kühlschrank stellen.

Pfannkuchen:

Sämtliche Zutaten zu einem zähflüssigen Teig verrühren und daraus Pfannkuchen backen.

Ente und Gänseleber:

1. Brust und Keulen der Ente auslösen. Die verbliebenen Karkassen klein hacken und im heißen Öl kräftig anbraten. Mit Wein und Hühnerfond aufgießen und bei schwacher Hitze kochen.

2. Brust und Keulen anbraten, in den Fond geben und mitkochen, bis sie gar sind. Herausnehmen, den Fond durch ein Sieb abgießen und zu einer kräftigen Sauce einkochen.

3. Das Fleisch von Brust und Keulen klein schneiden und mit den Pistazien in die Sauce geben. Etwas abkühlen lassen, auf einen Pfannkuchen geben und einrollen. Im Kühlschrank ruhen lassen.

4. Die Gänseleber von Äderchen befreien, mit dem Alkohol beträufeln und mit den Gewürzen bestreuen. Die Leber 1 Stunde marinieren.

5. Eine Terrinenform erst mit Backpapier, dann mit den Pfannkuchen auslegen. Die Hälfte der Leber hineingeben, die Pfannkuchenroulade mit Entenfüllung darauf legen und mit der restlichen Leber bedecken.

6. Die Pfannkuchen zusammenschlagen, in die Folie packen und in einem Wasserbad bei 150 °C (Gas Stufe 1, Umluft 140 °C) im Ofen 30 Minuten backen. Herausnehmen und in eiskaltem Wasser abschrecken. Mindestens 24 Stunden mit einem Gewicht belegt ruhen lassen.

7. Die Ententerrine unmittelbar vor dem Servieren aus der Form stürzen und mit einem warmem Messer in Scheiben schneiden. Das Gelee hacken und dazu servieren.

Zutaten
Zubereitung

Für 1 Person

Seeteufel
in Scheiben mit zwei Arten Tomaten und Salsa picante

Salsa picante:

2 Schalotten
3 Knoblauchzehen
2 rote Chilischoten
1 grüne Chilischote
2 Stangen Porree
10 gebacken Tomaten
(im Ofen 24 Stunden bei 80 °C gebacken)
Schale von 1 unbehandelten Zitrone
Schale von 1 unbehandelten Orange
1 Msp. Kümmel
1 TL Curry
1 EL Tomatenmark
1 EL Kapern
1 Bund Koriander, gehackt
1 Bund Basilikum, gehackt
1 Bund Kerbel, gehackt
100 ml weißer Balsamico
200 ml Olivenöl

Seeteufel:

170 g Seeteufel
2 EL Olivenöl
1 gelbe und 1 rote Tomate
Salz, Pfeffer

Salsa picante:

1. Die Schalotten und die Knoblauchzehen abziehen und fein würfeln. Die Chilischoten halbieren, entkernen und hacken. Den Porree putzen und in Ringe schneiden. Die Tomaten klein schneiden.

2. Die vorbereiteten Zutaten bei starker Hitze anbraten. Wenn sie bissfest sind, vom Herd nehmen und die restlichen Zutaten zugeben. Mindestens 24 Stunden im Kühlschrank ziehen lassen. Die Salsa vor dem Servieren leicht erwärmen.

Seeteufel:

1. Das Seeteufelfilet mit 1 Esslöffel Olivenöl einpinseln und in einer Pfanne bei starker Hitze unter einmaligem Wenden 4 Minuten braten. Vom Herd nehmen und 10 Minuten ziehen lassen.

2. Die Tomaten an der Unterseite kreuzweise einschneiden, in kochendem Wasser kurz überbrühen, abschrecken und häuten. Das Fruchtfleisch vierteln und entkernen.

3. Bei schwacher Hitze im restlichen Olivenöl kurz anbraten. Mit Salz und Pfeffer würzen.

4. Die Seeteufelfilet in Scheiben schneiden und mit den Tomaten anrichten. Die Salsa picante dazu reichen.

Für 4 Personen

Goldbarsch
mit Senfsalaten und Herzmuscheln

verschiedene Blattsalate

Vinaigrette:

1/2 EL Weißweinessig

1 EL Dijonsenf

400 ml Olivenöl

Salz, Pfeffer

Herzmuscheln:

8 kleine Porreestücke

1 kg Herzmuscheln

300 ml Weißwein

200 ml Fischfond

300 ml Sahne

100 g Butter

4 Goldbarschfilets mit Haut

Die Salate in Blätter zerteilen, waschen und trockentupfen.

Vinaigrette:

Den Essig mit dem Senf vermischen und das Öl unter ständigem Rühren zugeben. Mit Salz und Pfeffer würzen. Unter die Salatblätter ziehen.

Herzmuscheln:

1. Die Porreestücke in kochendem Wasser blanchieren.

2. Die Herzmuscheln in Weißwein und Fischfond dämpfen, bis sie sich öffnen. Die Flüssigkeit durch ein Sieb in einen Topf abgießen und die Sahne zugeben. Die Butter einrühren. Die Muscheln mit den Porreestücken garnieren.

3. Die Fischfilets mit der Hautseite nach unten bei schwacher Hitze braten. Den Goldbarsch, Muscheln, Sauce und Salatblätter zusammen auf Tellern anrichten.

Für 4 Personen

In Milch gedünsteter Steinbutt auf Safran-Möhren-Püree

Safran-Möhren-Püree:

1 kg Bundmöhren

150 g Butter

Salz, Pfeffer

2 Msp. Safran

Muskatnuss

Kartoffeln:

2 große Kartoffeln

12 kleine Kartoffeln

Salz

Olivenöl

200 g Kaviar

Sauce:

500 g Erbsen

300 g Sahne

50 g Butter

Saft von 1 Limette

Salz, Pfeffer

Steinbutt:

1 großer Steinbutt, filetiert und gehäutet

1 l Milch

100 ml Weißwein

4 Knoblauchzehen

Salz, Pfeffer

Kerbel zum Garnieren

Safran-Möhren-Püree:

1. Die Möhren putzen, einige für die Garnitur beiseite legen. Die restlichen Möhren in kochendem Wasser weich kochen, abgießen, die Möhren durch ein Sieb streichen und mit 125 Gramm Butter, Salz, Pfeffer, Safran und geriebener Muskatnuss zu einer festen Masse verrühren.

2. Die zurückgelegten Möhren für die Garnitur in der restlichen Butter mit etwas Wasser dünsten.

Kartoffeln:

1. Die großen Kartoffeln für die Garnitur erst in Scheiben, dann in das gewünschte Muster schneiden und bei geringer Hitze im Ofen zwischen zwei Bögen Backpapier backen bis sie trocken und knusprig sind. (Bei Zeitmangel kann auf die Garnitur verzichtet werden.)

2. Den Backofen dann auf 200 °C (Gas 3–4, Umluft 180 °C) vorheizen. Die kleinen Kartoffeln waschen und im heißen Ofen mit etwas Salz und Olivenöl 15 Minuten backen.

3. Einen Deckel abschneiden und den Kaviar auf den Schnittflächen der Kartoffeln anrichten. Die Kartoffelornamente in die kleinen Kartoffeln stecken.

Sauce:

Die Erbsen blanchieren und mit der eingekochten Sahne, Butter, Limettensaft, Salz, Pfeffer vermischen. Unmittelbar vor dem Servieren kurz aufkochen.

Steinbutt:

Die Fischfilets in der warmen Milch mit Weißwein, zerdrückten Knoblauchzehen, Salz und Pfeffer dünsten.

Anrichten:

Das Möhrenpüree in die Mitte der Teller geben und die kleinen Möhren in die Seite stecken. Die Kaviar-Kartoffeln daneben setzen und mit den knusprig gebackenen Kartoffelchips und etwas Kerbel garnieren. Den gedünsteten Steinbutt auf das Püree legen und den Teller mit der Sauce verzieren.

Zutaten Zubereitung

Für 4 Personen

Hummer-Pilz-Eintopf

Zutaten

4 Hummer

2 EL Olivenöl

200 ml Cognac

1 l Hummercremesuppe

Salz, Pfeffer

1 kg frische Pilze, z. B. Steinpilze

2 Bund Basilikum

Zubereitung

1. Die Hummer in die gewünschten Stücke schneiden und im heißen Olivenöl anbraten. Mit Cognac flambieren, mit der Cremesuppe aufgießen, 5 Minuten kochen und mit Salz und Pfeffer würzen.

2. Die Pilze putzen, eventuell klein schneiden, braten und zum Hummer geben.

3. Die Basilikumblätter hinzufügen und sofort in einem Kupferkessel servieren.

Für 4 Personen

Lammrücken
mit Lorbeer und Strauchtomaten

2 ausgelöste Lammrücken
4 Zweige Strauchtomaten
1 Bund frische Lorbeerblätter
1 Knolle Knoblauch mit großen Zehen
Salz, Pfeffer
4 Gelbe Beten
2 EL Weißweinessig
100 g Butter
200 ml Lammfond
1 Msp. Safran

1. Den Backofen auf 200 °C (Gas 3–4, Umluft 180 °C) vorheizen. Die Lammrücken 6 Minuten im heißen Ofen braten, herausnehmen, in Alufolie wickeln und 6 Minuten ziehen lassen.

2. Die Strauchtomaten in eine feuerfeste Form geben, mit den Lorbeerblättern belegen, den in Scheiben geschnittenen Knoblauch darauf verteilen und mit Salz und Pfeffer würzen. Bei 120 °C 20 Minuten im Ofen backen.

3. Die Gelben Beten schälen und Kugeln ausstechen. Die Reste der Beten in Essigwasser kochen. Wenn sie gar sind, herausnehmen, mit 80 Gramm Butter und Lammfond vermischen, durch ein Sieb streichen und nochmals unter ständigem Rühren aufkochen. Mit Salz und Pfeffer würzen.

4. Die Kugeln in Butter mit dem Safran weich dünsten.

Anrichten:
Die Tomaten auf vorgewärmte Teller legen. Das Fleisch in dünne Scheiben schneiden und auf den Tomaten anrichten. Die warme Sauce auf die Teller gießen und die Tomaten mit den Betekugeln umlegen.

Für 1 Person

Trüffelfarsierte Wachteln mit Spinat und Zucchini

Wachtel:

3 Wachteln
50 g Gänseleber
100 g blanchierter Spinat
1/2 Trüffel
50 g Schweinenetz
(beim Metzger bestellen)
4 EL Pflanzenöl

Gemüse:

1 große Kartoffel
grobes Salz
1 rote Paprika
1 EL Essig
50 g Butter
Salz, Pfeffer
1/2 gelbe Zucchini
1/2 grüne Zucchini
Olivenöl
100 ml Kalbssauce

Wachteln:

1. Die Wachteln zerteilen: Beine vom Rumpf trennen und ausbeinen; die Brust filetieren. In jeden Wachtelschenkel etwas Gänseleber mit Spinat und 1 dünne Scheibe Trüffel legen. 1 Bruststück darauf setzen, in das Schweinenetz einwickeln und zusammenbinden.

2. Den Backofen auf 200 °C (Gas 3–4, Umluft 180 °C) vorheizen. Die Wachtelpäckchen in 2 Esslöffeln Pflanzenöl anbraten und im heißen Ofen in 5 Minuten fertig garen. 5 Minuten ruhen lassen.

Gemüse:

1. Die Kartoffel in dünne Scheiben schneiden. Im restlichen Pflanzenöl braten, bis sie knusprig sind. Auf Küchenpapier abtropfen lassen und mit grobem Salz bestreuen.

2. Die Paprika waschen, halbieren, von Stielansatz, weißen Zwischenwänden und Kernen befreien. In Essigwasser 10 Minuten kochen. Durch ein Sieb streichen, mit der Butter zu einer glatten Sauce verrühren und mit Salz und Pfeffer würzen.

3. Die beiden Zucchini waschen, in die gewünschte Größe schneiden und im heißen Olivenöl bissfest dünsten.

Anrichten:

Die Wachteln Seite an Seite stellen und mit dem restlichen Spinat umlegen. Die Kartoffelscheiben an die Knochen hängen, die Zucchini, Paprikacreme und die erwärmte Kalbssauce zusammen mit einigen Scheiben Trüffeln auf dem Teller anrichten.

Für 6 Personen

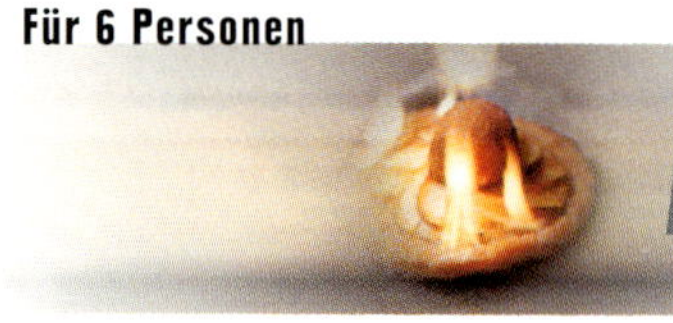

Mandel-Apfel-Küchlein mit gebratenem Eis

Kuchenboden:

350 g Puderzucker
350 g Butter
2 Eier
1 Eigelb
2 TL Eiswasser
750 g Mehl

Nussmasse:

200 g Mandelmehl (fein gemahlene Mandeln)
200 g Zucker
100 ml Amaretto
9 Eiweiße

6 Äpfel

Gebratenes Eis:

250 g Zucker
8 Eigelbe
1 kg Sahne
Mehl
verschlagenes Ei
Semmelbrösel
Pflanzenöl zum Braten
Calvados
Ahornsirup

Kuchenboden:

1. Den Puderzucker mit der Butter vermengen. Die restlichen Zutaten einarbeiten. Den Teig nicht zu lange kneten, damit er nicht zu weich wird. 24 Stunden im Kühlschrank ruhen lassen.

2. Den Backofen auf 180 °C (Gas Stufe 2-3, Umluft 160 °C) vorheizen. Den Teig ausrollen, kleine Kuchenformen ausstechen und im heißen Ofen in ca. 15 Minuten halbfertig backen. Herausnehmen und mit der Nussmasse füllen.

Nussmasse:

1. Mandelmehl mit Zucker, Amaretto und 3 Eiweißen vermischen und bei schwacher Hitze unter ständigem Rühren 5 Minuten rösten.

2. Die restlichen Eiweiße steif schlagen und vorsichtig unter die Mandelmasse heben.

Mandel-Apfel-Küchlein:

1. Die Nussmasse auf die vorgebackenen Kuchenböden geben und weitere 20 Minuten backen.

2. Die Äpfel vom Kerngehäuse befreien, vierteln, längs in Scheiben schneiden und rosettenartig auf die Kuchenböden legen. Nochmals 10 Minuten backen.

3. Die Küchlein herausnehmen, auf ein Kuchengitter legen und ca. 5 Minuten abkühlen lassen.

Gebratenes Eis:

1. Den Zucker mit den 8 Eigelben schaumig schlagen. Die Sahne halb steif schlagen und unter die Eimasse heben. In eine Kastenform füllen und einfrieren.

2. Wenn die Masse fast fest gefroren ist, das Eis in viereckige Scheiben schneiden und mit der Hand zu Kugeln formen. Erst in Mehl wenden, dann in geschlagenem Ei und zum Schluss in Semmelbröseln. In heißem Öl kurz braten und mit dem Calvados flambieren.

Die Apfelküchlein mit Ahornsirup bestreichen, die Eiskugeln darauf setzen und sofort servieren.

Zutaten Zubereitung

Für 4 Personen

In Vanille pochierte Nektarinen

Karamell:

300 g Zucker

1 EL Pflanzenöl

Nektarinen:

4 Nektarinen

300 g Zucker

1 Vanilleschote

1 Bund Minze

150 g weiße Schokolade

300 g dunkle Schokolade

30 Himbeeren

Karamell:

100 Milliliter Wasser mit dem Zucker ohne Umrühren erhitzen, bis der Zucker zu dunklem Karamell geworden ist. Die heiße Masse auf eine mit Öl bestrichene Alufolie gießen, erkalten lassen und in Stücke brechen.

Nektarinen:

1. Die Nektarinen in 2 Liter Wasser mit 200 Gramm Zucker 8 bis 12 Minuten kochen, je nach Festigkeit der Früchte. Herausnehmen und abkühlen lassen.

2. Den restlichen Zucker mit 300 Milliliter Wasser erhitzen. Die Vanilleschote aufschlitzen und das Mark herauskratzen. Beides in die Zuckerlösung geben und aufkochen. 10 Minuten abkühlen lassen und durch ein Sieb gießen. Die Minzeblätter hinzufügen und das Ganze pürieren.

3. Die Schokoladen getrennt voneinander über einem Wasserbad schmelzen und abwechselnd nebeneinander dünn auf Backpapier gießen. Mit einem warmen Tortenheber darüber streichen, so dass die Übergänge verfließen. Mit Folie abdecken und im Kühlschrank fest werden lassen. In Vierecke schneiden. (Die restliche Schokolade kann eventuell mit Hilfe eines Spritzbeutels zu kleinen Schokotupfern geformt werden.)

Anrichten:

Die Zutaten samt der Himbeeren wie auf dem Bild oder nach eigenen Vorstellungen anrichten. Möglichst schnell servieren, damit die Schokolade nicht schmilzt.

Tipp:

Der Karamell kann auch zu Zuckerspiralen wie auf dem Bild geformt werden, die allerdings schwer herzustellen sind. Der erwärmte Karamell wird dafür um einen Wetzstahl gewickelt.

Zutaten Zubereitung